Affiliate Marketing

Die Ultimative Schritt für Schritt Anleitung

Wilhelm Klaus

ISBN: 9781973565208

Inhaltsverzeichnis

Vorwort

Du suchst eine Möglichkeit, mit dem eigenen Computer im Internet Geld zu verdienen? Dann ist das Affiliate Marketing genau das Richtige für dich! In dieser ultimativen Schritt für Schritt Anleitung bekommst du viele wertvolle Informationen zu diesem Thema. Baue dir nach und nach dein eigenes Online Business auf und mache dich unabhängig gegenüber einem harten 40 Stunden Job. Natürlich kannst du auch nebenbei Geld verdienen.

Dieser Markt ist beliebt und hart umkämpft. Nun erhältst du einen umfangreichen Einblick, wie das ganze System funktioniert und worauf du achten musst. Befolge die Anleitungen Schritt für Schritt und vermeide dadurch die bekannten Anfängerfehler. Gern geben wir dir einen Einblick, warum Affiliate Marketing eine lukrative Einkommensquelle sein kann, wenn du alles richtigmachst.

1. Affiliate Marketing – was ist das überhaupt?

Du bewirbst Produkte, Waren oder Dienstleistungen deiner Partner. Klingt im ersten Moment einfach, ist es auch. Grundsätzlich ist es von tragender Bedeutung, dass du keine eigenen Produkte verkaufst, sondern lediglich Besucher deiner Webseiten zu deinem Partner vermittelst.

- Bewerben von Produkten und Dienstleistungen deiner Partner
- keine eigenen Produkte
- sehr anerkanntes und praktiziertes Geschäftsmodell

Gut, sicherlich hast du jetzt immer noch keine Ahnung, worum es sich genau handelt. Kein Problem, nehmen wir uns einige interessante Beispiele vor.

1.1. Beispiele für Affiliate Marketing

Angenommen du suchst eine günstige KFZ-Versicherung für dein Fahrzeug. Was machst du, genau wie tausende anderer Interessenten? Genau, du fragst die Suchmaschinen wie Google nach Angeboten ab. Neben vielen Versicherungen, triffst du zwangsläufig auf Portale wie Check24 und andere Plattformen. Diese sind sehr kundenfreundlich aufgebaut und übersichtlich gestaltet. Hier kannst du in aller Ruhe stöbern und nach der besten und zugleich billigsten Versicherung suchen. Einen gewissen Komfort, kann man hier nun wirklich nicht abstreiten. Recht einfach, übersichtlich und klar strukturiert, bekommst du einen Einblick in interessante Angebote. Nun wirst du vielleicht sogar fündig und schließt eine KFZ-Versicherung einfach per Mausklick ab.

Was ist nun passiert?

Du wirst doch nicht glauben, dass Check24 selbst eigene Versicherungsprodukte verkauft oder? Diese Plattform vermittelt dich an einen Versicherer weiter. Durch eine gut aufgebaute Webseite und tolle sowie komfortable Vergleiche, konntest du einem attraktiven Angebot nicht widerstehen. Durch deinen Abschluss einer KFZ-Versicherung, erhält der Vermittler, in diesem Fall Check24, eine Provision der jeweiligen Versicherung.

Wie war es gleich nochmal?

Affiliate Marketing ist das Bewerben von Produkten und Dienstleistungen anderer Partner.
Check24 übt demnach ein gekonntes Affiliate Marketing aus. Ein sehr gutes Beispiel, was sich auf hunderte andere Plattformen und Vergleichsportale ableiten lässt.

1.2. Weitere Beispiele für Affiliate Marketing

Stell dir doch einfach einmal vor, dass du gerade einen neuen Staubsauger suchst. Vielleicht ist der „Alte“ defekt oder du benötigst ein leistungsstärkeres Modell. Gut an deiner Stelle gehen manche Leute in das nächste Fachgeschäft. Allerdings bestellen immer mehr Menschen einfach online einen neuen Staubsauger. Das ist die bequemere Lösung oder?

Bevor du einen Staubsauger bestellst, willst du dich im Vorfeld informieren, welche Produkte es so auf dem Markt gibt. Hierbei spielen die Leistung, der Preis und natürlich auch die Qualität eine bedeutende Rolle. Auf der Suche nach Informationen, benutzt du Google, die bekannteste Suchmaschine im deutschsprachigem Raum. Sicher hast du schon öfters etwas „gegoogelt“ oder?

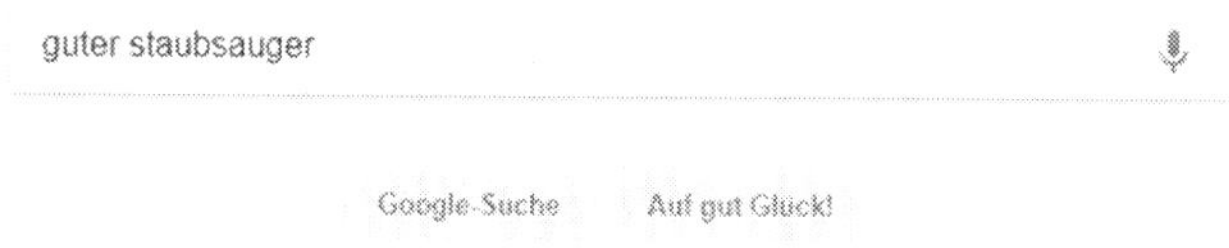

Also gibst du beispielsweise den Suchbegriff „guter Staubsauger“ in die Suchmaske bei Google ein.
Du befindest dich einfach auf der Suche nach Informationen und erhoffst dir via Google, einen guten Staubsauger zu finden. Das ist nur ein Beispiel und wir nutzen diese Thematik veranschaulichend in diesem Ratgeber. Was findest du nun in den Google Ergebnissen?

Quelle: organische Google Suche

In den Ergebnissen findest du jede Menge Webseiten, die dir deine persönliche Kaufentscheidung vereinfachen. Berichte, Ratgeber, Tabellen und vielerlei Informationen eben über Staubsauger. Nachdem du dich interessiert durchgeklickt hast, landest du auf Amazon, eBay oder einem anderen Shop. Diverse Buttons (Klickflächen) wie „Preis prüfen", „hier kaufen", oder andere Links, führen dich zu einem Onlineshop.

Was fällt dir auf? Richtig, diese Webseiten verkaufen gar keine eigenen Staubsauger. Wenn du über eine dieser Portale zu einem Shop weitergeleitet wirst und einen Staubsauger kaufst, erhält der Webseitenbetreiber eine Provision.

Das ist ein weiteres Beispiel für Affiliate Marketing

1.3. Kann das jeder selbst machen?

Selbstverständlich. Allerdings sind diverse Vorkenntnisse nötig, um wirklich erfolgreich zu sein. Auf diese Punkte kommt es im Wesentlichen an:

- Findung der optimalen Suchbegriffe (wie zum Beispiel „guter Staubsauger")
- Platzierung in den TOP 10 der Ergebnisse für diesen Suchbegriff bei Google

Im obigen Beispiel „guter Staubsauger", haben es diese Webseiten in die TOP 10 der Google Ergebnisse (erste Seite) geschafft. Einfach so durch puren Zufall? **Ganz sicher nicht**.

Du musst demnach mit einem bestimmten Keyword (Suchbegriff bei Google), eine gute Platzierung in den Ergebnissen erzielen. Dafür musst du eine Webseite aufbauen, die unter deinem gewünschten Keyword ein optimales Ranking bei Google erzielt. Schließlich ist das Ziel, tausende Besucher auf deine Webseite zu locken. Diese wiederum klicken auf deine Links zu den Shops und du verdienst Geld mit dem Affiliate Marketing.

In diesem Ratgeber bekommst du eine Schritt für Schritt Anleitung, wie du selbst in Eigenregie eine profitable Webseite aufbaust und für Google optimierst.

1.4. Grundvoraussetzungen für das Affiliate Marketing

- Ein Produkt oder eine Dienstleistung, welche du bewerben willst.
- Einen Partner wie eine Versicherung oder einen Online-Shop.
- Eine eigene Webseite im Internet.
- Eine gute Platzierung unter deinem gewünschten Google Suchbegriff.
- Jede Menge Besucher auf deiner Webseite, welche du über Links zum Partner leitest.
- Einen Computer mit Internetanschluss.
- Diverse Fähigkeiten, Texte zu schreiben (oder schreiben zu lassen).
- Ein wenig gestalterische Fähigkeiten, eine Webseite aufzubauen (Lösung: WordPress).

Interessant ist die Tatsache, dass du rein theoretisch lediglich einen Computer mit Internetzugang benötigst. Weil du keine eigenen Waren verkaufst, brauchst du weder ein Lager, Angestellte und auch keinen Onlineshop. Du vermittelst nur deine Besucher über Links zum Partner, wie zum Beispiel einen Onlineshop. Kauft der weitergeleitete Besucher nun ein Produkt, kassierst du eine Provision. Aber dazu später mehr in diesem Affiliate Marketing eBook.

Die anfänglichen Kosten halten sich echt in Grenzen. Mit sehr wenig Startkapital, hast du schon bald deine eigene Webseite und verdienst im Internet dein eigenes Geld.

Ein PC, Kosten für Internet und Kosten für die Webseite (Hosting), sind die einzigen Knackpunkte.

Eine Webseite muss mit Texten gefüllt werden. Wenn du diese selbst nicht schreiben kannst oder willst, existieren auch hier jede Menge Alternativen in Form von Textern, die für dich schreiben. Prinzipiell bist du mit einer kleinen Investition aber schnell im Geschäft und kannst vom beliebten Online-Shopping der potentiellen Käufer profitieren.

1.5. Vor- und Nachteile im Überblick

Grundsätzlich überwiegen die Vorteile beim Affiliate Marketing. Du kannst dir ein passives Einkommen aufbauen. Es lohnt sich in jedem Fall, zumindest den Versuch zu wagen. Was hast du schon zu verlieren? Besonders weil die Kosten zu Beginn sehr gering sind, ist das einzige Risiko die Zeit. Es kann durchaus passieren, wenn du typische Anfängerfehler begehst, dass deine investierte Zeit umsonst war.

Also halte dich an diese Schritt für Schritt Anleitung und entwickle dein profitables Business im Internet. Hier ist eine Auflistung der wesentlichen Vor- und Nachteile vom Affiliate Marketing:

Vorteile	Nachteile
Kaum Investitionskosten	Keine Garantie für den Erfolg
Recht leicht erlernbar	Hoher Zeitaufwand am Anfang
Tätigkeit vom PC	Abhängigkeit von Google
Arbeit von Zuhause	
Geld im Internet verdienen	
Passives Einkommen	
Problemlos als Nebenerwerb	
Anreicherung von Wissen	
Extrem viele Möglichkeiten	

Die Vorteile sind klar definierbar. Stell dir vor du hast irgendwann 10 Webseiten und jede wirft im Monat 100

Euro ab. Dann verdienst du ein völlig passives Einkommen in vierstelliger Höhe. „Passives Einkommen" bedeutet im Umkehrschluss nichts anderes, als das deine Webseiten zum Selbstläufer avancieren. Nach der vollständigen Fertigstellung und Optimierung für Google, musst du dich nicht mehr täglich um deine Präsenz kümmern.

Ab und zu ein neuer Beitrag, eine neue Produktvorstellung und die Seite generiert Monat für Monat ein passives Einkommen.

Nachteilig bleibt der hohe Zeitaufwand erwähnenswert. Du steckst besonders zu Beginn, wenn du relativ wenig Ahnung von der Materie hast, viele Stunden Zeit in deine Webseite. Am Anfang recherchierst du nach lukrativen Suchbegriffen (Keywords) und besorgst dir die nötige Erfahrung. Weil du deine Internetpräsenzen im Bereich Affiliate Marketing für Google optimierst, bist du zum Teil recht abhängig vom Google Ranking für deinen Suchbegriff.

Die allermeisten Besucher deiner Webseite kommen über die organische Google Suche. Wenn du gut platziert bist (TOP 10 der Ergebnisse), wirst du einen regen Besucherzulauf erleben und tatsächlich Geld verdienen. Solltest du aus irgendwelchen Gründen auf die zweite Seite der Ergebnisse fallen oder gar nicht positiv Ranken, wirst du auch nicht viel Geld verdienen.

Aber du betrachtest gerade den ultimativen Leitfaden im Bereich Affiliate Marketing und gehst in aller Ruhe die

Schritt für Schritt Anleitung durch. Finde lohnenswerte Suchbegriffe (Keywords) für Google und baue eine dementsprechend optimierte Affiliate Webseite auf.

1.6. Was haben die Shops und Dienstleister davon?

Affiliate Marketing ist eine WIN-WIN Situation. Du als Webseitenbetreiber vermittelst potentielle Käufer zu den Onlineshops, Versicherungen oder Dienstleistern. Dadurch erhöht sich maßgeblich der Umsatz deiner Partner. Im Gegenzug, bekommst du eine Vergütung für die Vermittlung/das Bewerben in Form einer Provision. Diese kann pauschalisiert ausgezahlt werden oder in Höhe eines gewissen Prozentsatzes.

Nehmen wir als Beispiel das Partnerprogramm von Amazon. Dieser Shop ist extrem renommiert und beliebt. Im Rahmen des Amazon Partnerprogramms, kannst du mit Hilfe von Affiliate Links (Links von deiner Webseite auf die Produkte von Amazon), Besucher dazu anregen, einen Artikel zu kaufen. Du sorgst also dafür, dass der Umsatz des Shops steigt. Dafür erhältst du eine prozentuale Provision. Im Bereich Staubsauger (als gängiges Beispiel) übrigens 5 Prozent.

Du leitest dementsprechend potentielle Käufer über deine Webseite zu Amazon weiter. Kauft der Besucher nun einen Staubsauger für 100 Euro, kassierst du 5 Euro Provision. Stell dir vor, dass jeden Monat 30 Staubsauger über deine Affiliate Links gekauft werden. Das ist eine gute Vorstellung oder? Also ist Affiliate Marketing eine gegenseitige WIN-WIN Situation.

2. Recherche nach dem passenden Keyword für Google

Das ganze Business im Affiliate Marketing ist darauf ausgerichtet, ein lukratives Keyword zu finden.

Ein Keyword, ist der Suchbegriff den Menschen in die Google Suchmaske eingeben.

Der allererste und wichtigste Schritt, noch weit vor der Wahl des Partners und dem Aufbau einer Webseite, ist die möglichst genaue Analyse nach optimalen Suchbegriffen. Auf diese Werte, baut sich dein Business im Affiliate Marketing auf. Was glaubst du, warum unter dem Suchbegriff „guter Staubsauger“, diese Webseiten in den TOP 10 bei Google zu finden sind? Weil Sie ihre Präsenzen auf gewisse Keywords optimiert haben.

Folgende Merkmale sind interessant und müssen beachtet werden:

- Suchvolumen (wie oft geben Menschen jeden Monat dieses Keyword bei Google ein)
- gibt es einen Markt oder passende Partner (wie Onlineshops etc.)
- Wie stark ist die Konkurrenz auf diese Suchbegriffe?
- Lässt sich damit überhaupt Geld verdienen?

Besonders zu Beginn, solltest du dir Produkte oder Dienstleistungen suchen, die dich interessieren. Wenn du eine gewisse Affinität bzw. Begeisterung für eine Thematik hast, dann suche Keywords in diesem Bereich.

Angenommen du bist begeisterter Heimwerker und kannst ohne größere Probleme mit Begeisterung zu diesem Thema schreiben und Inhalte in deine Webseite einfügen. Dann suche im Heimwerker Bereich nach Suchbegriffen. Zum Beispiel Werkzeuge, Maschinen und andere interessante Artikel.

Oder du interessierst dich brennend für Finanzen, Kredite oder Versicherungen. Dann macht es Sinn, in diesem Markt Dienstleistungen und Produkte zu suchen und die passenden Keywords zu recherchieren. Vielleicht bist du ein Tierbesitzer und hast einen Hund oder eine Katze? Hierbei fällt es dir sicher leichter, über einen Kratzbaum oder ein Hundegeschirr zu schreiben.

Einige Beispiele für interessante Keywords wären in diesen Fällen zum Beispiel:

- guter Akkubohrschrauber
- bestes Hundegeschirr
- Kratzbaum kaufen

Ganz sicher werden diese Suchbegriffe in die Google Suchmaske eingegeben. Doch wie oft überhaupt und wird tatsächlich danach gesucht? Nur wenn Nachfrage herrscht bzw. Interesse besteht, macht es Sinn eine Webseite zum Thema „Kratzbaum kaufen“ oder „bestes Hundegeschirr“ zu erstellen und zu optimieren.

Das sind nur einige Beispiele, weil es schier unendliche Möglichkeiten gibt.

2.1. Nachfrage und Angebot

Angenommen du willst physische Produkte bewerben. Zum Beispiel rund um das Thema „Staubsauger". Nicht wundern, symbolisch werden sich diese Reinigungsgeräte quer durch diesen ganzen Ratgeber ziehen. Einfach aus Gründen der Veranschaulichung. Natürlich kannst du dir jedes erdenkliche andere Thema vornehmen. Das ist auch der positive Faktor vom Affiliate Marketing.

Die Nachfrage bestimmt bekannterweise das Angebot. Werden Staubsauger wirklich online gekauft und überhaupt gesucht? Nützliche Informationen und Richtlinien, findest du in den Amazon Bestseller Listen. Der Shop ist enorm bekannt und hat natürlich auch ein eigenes Affiliate Partnerprogramm.

Quelle: Auszug aus der Bestseller Liste im Bereich Staubsauger auf Amazon.de

Dieser kleine Auszug aus der Amazon Bestseller Liste im Bereich Staubsauger, beweist eindrucksvoll, dass:

Diese Produkte in einem Onlineshop tatsächlich gekauft werden.

Es lässt sich also in jedem Fall Geld mit Staubsaugern verdienen, wenn du im Rahmen des Amazon Partnerprogramms über deine eigene Webseite Besucher zu diesem Shop weiterleitest. Mehrere hundert Bewertungen und 4+ Sterne zeigen auf, das sich beispielsweise diese Kategorie lohnt.

Hierbei musst du nicht zwingend auf Amazon zurückgreifen, sondern kannst dir auch das eBay Partnerprogramm vorknöpfen oder andere Affiliate Programme diverser Shops.

Ein schlechtes Beispiel für Produkte, die eher weniger in Onlineshops gekauft werden, sind freistehende Elektroherde:

Quelle: Auszug aus der Bestseller Liste im Bereich Elektroherd bei Amazon.de

Hier gibt es nur wenige Bewertungen bzw. Rezensionen. Also gehen freistehende Elektroherde wohl eher weniger über den virtuellen Ladentisch (zumindest bei Amazon), als Staubsauger. Das liegt vermutlich daran, dass viele Kunden hier eher den direkten Märkten und Händlern vertrauen. Einen Elektroherd will man anfassen, optisch betrachten und ausprobieren. Auch spielt der Preis eine

Rolle. Artikel mit höheren Anschaffungskosten, werden mit größerer Zurückhaltung online gekauft.

Wenn du also vorhast, einen physischen Artikel zu bewerben, kannst du dir erste Eindrücke in den Bestseller Listen holen.

Bei anderen Themen wie Versicherungen und Kredite, überlegst du nach gesundem Menschenverstand. Kredite werden oftmals gesucht und gerne genutzt. Sei es zur Finanzierung eines neuen Autos oder zur Anschaffung des neuen heiß begehrten Fernsehers. Auch hier gibt es jede Menge Partnerprogramme, die lukrative Provisionen abwerfen.

Dasselbe Prinzip funktioniert bei Versicherungen. Jeder Mensch braucht eine Haftpflichtversicherung und jeder Kraftfahrer eine KFZ-Versicherung. Kredite und Versicherungen sind allerdings für dich als Einsteiger fast zu hart umkämpft. Versuche dich zu Beginn eher an physischen Produkten und bewerbe das Sortiment eines Onlineshops.

Überlege dir nun 20 Produkte oder Dienstleistungen, die du bewerben willst und notiere.

2.2. Suchvolumen herausfinden

Nachdem du dir 20 potentielle Produkte oder Dienstleistungen herausgesucht hast, die du mit einer eigenen Webseite bewerben willst, musst du das monatliche Suchvolumen herausfinden.

Die tollste Webseite und beste Platzierung bei Google bringt nichts, wenn nicht danach gesucht wird.

Ab einem Suchvolumen von 1000+ jeden Monat, lohnt es sich die zukünftige Webseite auf diesen Suchbegriff zu optimieren. Du rankst bei Google schließlich nicht nur zu diesem speziellen Keyword, sondern auch zu ähnlichen Suchbegriffen. Zudem sind die Suchbegriffe mit weniger Suchanfragen oft weniger von der Konkurrenz beworben.

Die erste (und vor allem kostenlose) Anlaufstelle, ist der Google Keyword Planner.

Hier findest du Angaben, zu den monatlichen Suchanfragen deiner gewünschten Suchbegriffe.

Keyword (nach Relevanz)	Durchschnittl. Suchanfragen pro Monat
henry staubsauger	1.000 bis 10.000
akku handstaubsauger test	1.000 bis 10.000
mini staubsauger	1.000 bis 10.000
akku staubsauger dyson	1.000 bis 10.000
progress staubsauger	1.000 bis 10.000
miele staubsauger beutellos	1.000 bis 10.000
staubabsaugung	1.000 bis 10.000
staubsauger test beutellos	1.000 bis 10.000
roboter staubsauger test	1.000 bis 10.000
staubsauger saturn	1.000 bis 10.000

Quelle: Google Keyword Planner

Das ist ein kleiner Auszug und soll die Ansicht des Tools veranschaulichen. Leider findest du hier nur ungefähre Werte, aber bekommst einen groben Eindruck, ob deine Keywords überhaupt gesucht werden. Nur wenn du eine Adwords Kampagne schaltest (Google Werbung), kommst du in den Genuss der exakten Daten. Dennoch lohnt e sich in jedem Fall, den Google Keyword Planner zu besuchen und **kostenlos** an Informationen zu gelangen. Ein Google Account ist übrigens erforderlich.

Weiterhin kannst du dir bei Google Trends, wichtige Informationen über das Suchverhalten besorgen.

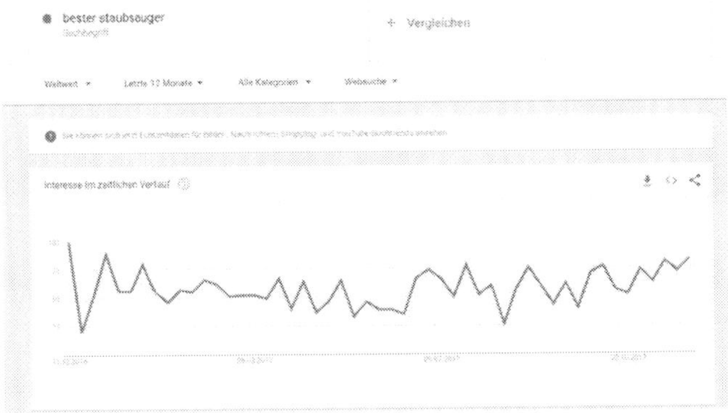

Quelle: Google Trends

Wenn dir der Google Keyword Planer zu ungenaue Informationen ausspuckt, kannst du dich hier orientieren. Hierbei erfährst du den Trend dieses Suchbegriffs und die genauen Anfragen im zeitlichen Verlauf. Gib zu deinen 20 Produkten einfach mal alle möglichen Suchbegriffe ein. Probiere und teste in aller Ruhe, wonach tatsächlich gesucht wird und vor allem wie oft im Monat.

Dir gehen die Ideen zu Keywords aus? Kein Problem, nutze doch das Tool: https://keywordtool.io/google

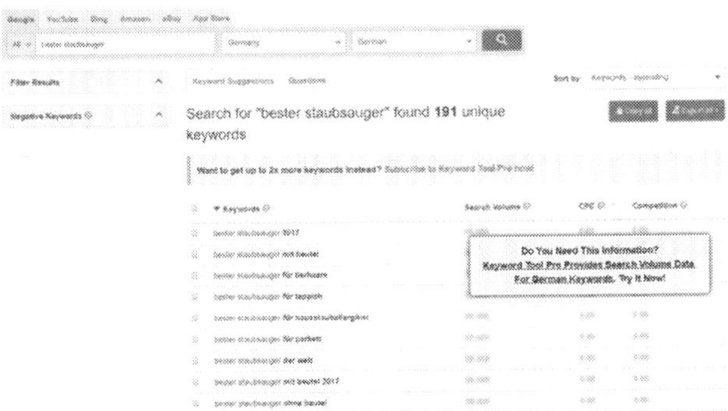

Quelle: keywordtool.io

Zwar findest du die exakten Zahlen zum Suchvolumen nur in der kostenpflichtigen Version, aber zumindest bekommst du zum Begriff „bester Staubsauger“ zahlreiche alternative Keywords, die auch gesucht werden. Wenn dir also die Ideen ausgehen, lohnt es sich dieses Tool zu nutzen.

Wie du siehst, ist die Recherche nach dem monatlichen Suchvolumen eines Keywords enorm wichtig. Vernachlässige auch nicht die „Longtail Keywords“.

- Bester Staubsauger ohne Beutel
- guter Staubsauger mit Beutel

Longtail Keywords sind Suchbegriffe mit mehr als einem einzigen Wort. Oftmals ranken Affiliate Webseiten auch zu hunderten Longtails und erhalten dadurch mehr Besucher.

Natürlich gibt es auch kostenpflichtige Alternativen, die dir präzise Angaben zum monatlichen Suchvolumen geben. Meistens wird sogar die bestehende Konkurrenz direkt mit geprüft.

Es kommt natürlich darauf an, ob du bereit bist, ein wenig Kapital zu investieren. Keine Sorge, es ist kein Muss aber kann sich durchaus lohnen. Ein Beispiel hierfür ist:

https://secockpit.com/de/

Quelle: secockpit

Hier bekommst du anhand des Beispiels „bester Staubsauger", Informationen über das monatliche Suchvolumen, alternative ähnliche Keywords und direkt eine Analyse zur Konkurrenz. Das Tool ist kostenpflichtig aber eine durchaus sinnvolle Investition

Mit immerhin 3600 Anfragen über die organische Google Suche, also ein durchaus interessanter Suchbegriff.

Grundsätzlich kannst du eine erste Analyse nach dem monatlichen Suchvolumen, also ob dein gewünschtes Keyword überhaupt gesucht wird, kostenlos einholen. Mit Hilfe des Google Keyword Planers und Google Trends, kannst du dir durchaus erste Eindrücke einholen.

Du hast dir 20 Artikel, die du bewerben willst, auserkoren. Sammle nun zu jedem Produkt mindestens 10 Suchbegriffe und analysiere das Suchvolumen.

Orientiere dich grundsätzlich an Suchanfragen mit einer Kaufabsicht!

Zum Beispiel:

- Testsieger
- kaufen
- bester
- Empfehlung
- Erfahrungen

Diese Synonyme versprechen ein Kaufinteresse. Ein potentieller Käufer, gibt Begriffe in die Suchmaske von Google ein, die eine eindeutige Kaufabsicht suggerieren.

- Staubsauger kaufen
- bester Staubsauger
- Staubsauger Test
- Staubsauger Empfehlung

Natürlich kannst du einen tollen Ratgeber schreiben, wie Nutzer einen Staubsauger bedienen. Auch das wird gesucht via Google. Aber steckt eine Kaufabsicht dahinter?

Nach einer ausgiebigen Analyse des Suchvolumens, bleiben sicher nur 20 Keywords übrig, die sich lohnen könnten.

Das ist auch Sinn und Zweck dieser Übung, weil du im Vorfeld die Keyword Recherche umfangreich betreiben musst, damit dein Affiliate Projekt auch zum Erfolg führt.

2.3. Konkurrenz analysieren

Den ersten richtigen Schritt, die Suche nach profitablen Keywords, hast du nun erfolgreich erledigt. Doch damit ist es längst noch nicht getan. Ganz sicher (oder vielleicht doch?), bist du nicht der einzige Affiliate Marketer, der auf diesen Suchbegriff seine Webseite für Google optimiert.

Im Prinzip geht es jetzt darum, die bestehende Konkurrenz in den TOP 10 der Google Suchergebnisse (erste Seite) zu analysieren. Macht es Sinn, sich auf dieses Keyword zu spezialisieren oder ist die Konkurrenz dermaßen hart, dass der Aufwand viel zu hoch wäre (besonders für Einsteiger ins Affiliate Marketing)?

Hierbei steht für dich die kostenlose Variante der Konkurrenzanalyse im Vordergrund oder? Also bekommst du jetzt einige Tipps und Tricks.

Schritt 1: installiere das Browser Plugin https://moz.com/products/pro/seo-toolbar

Die Installation ist kinderleicht. Einfach in deinem Browser installieren und aktivieren. Nun hast du oben rechts, das Symbol der MozBar. Registriere dich jetzt kostenlos mit deinem Benutzernamen, Email-Adresse und deinem persönlichen Passwort. Nachdem du die Bestätigungsmail mit dem Aktivierungslink geklickt hast, steht dir zumindest 30 Tage lang die MozBar ohne Einschränkungen zur Verfügung.

Gib nun in die Google Suche dein gewünschtes Keyword ein (hier als Beispiel „bester Staubsauger").

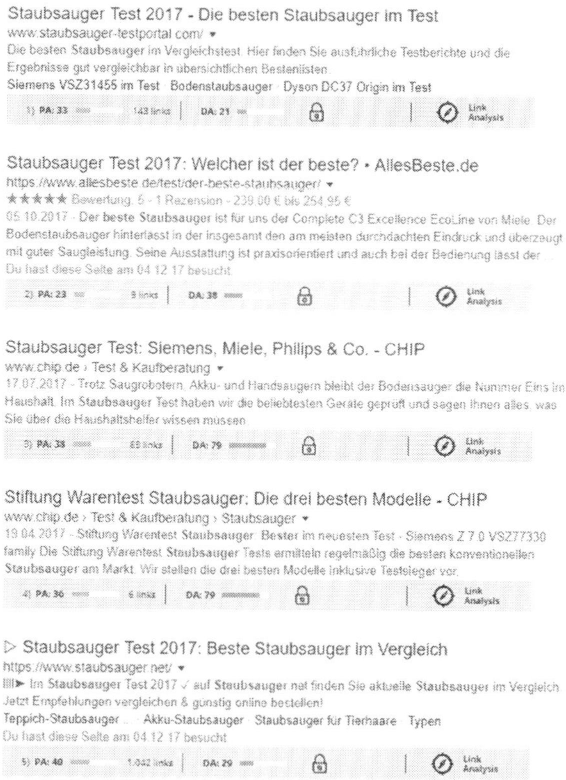

Quelle: MozBar für Google Chrome

Du erkennst nun in den TOP 5 der Google Ergebnisse folgende Werte:

- PA – Page Authority
- Backlinks
- Domain Authority

PA (Page Authority) ist die Autorität der Seite, die für den Begriff „bester Staubsauger“ bei Google rankt. Backlinks sind Links von anderen Webseiten zu der Seite, die bei Google unter diesem Keyword rankt. Nun folgt noch die DA (Domain Authority), welche den Wert bzw. die Autorität der Haupt-Domain (nicht die Unterseite) anzeigt.

Grundsätzlich zählt die Devise: umso kleiner diese Werte, umso besser für dich. Nachfolgend ist eine Auflistung der Plätze 6-10:

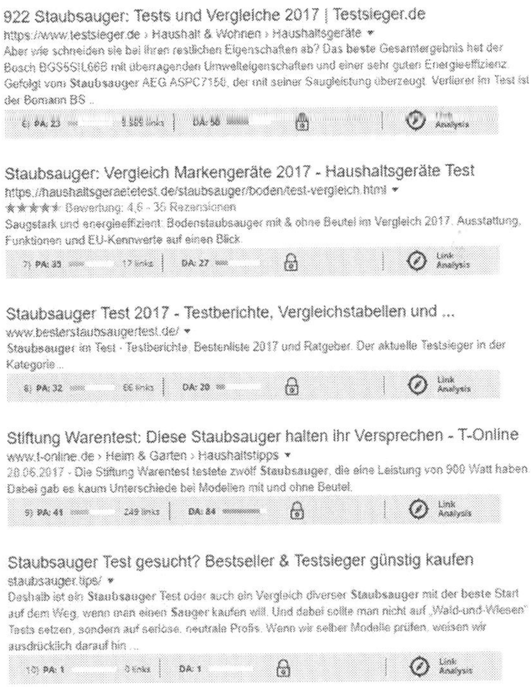

Quelle: MozBar für Google Chrome

Es bleibt festzustellen, dass die TOP 10 unter dem Suchbegriff „bester Staubsauger“ nicht leicht zu erreichen ist. Lasse lieber die Finger davon und suche dir ein besseres Keyword. Orientiere dich an einer PA von 1-10, einer DA von maximal 30 und möglichst wenig Backlinks. Der Bereich Staubsauger ist relativ hart umkämpft.

Probiere die MozBar ruhig aus und suche dir wirklich „leichte“ Keywords. Teste auch einmal so richtige Longtail Keywords (Suchbegriffe mit mehreren Wörtern). Viele Konkurrenten kannst du hier hinter dir lassen.

Schritt 2: Besuche die rankende Seite der Konkurrenz und analysiere

Nachdem du dir über die organische Google Suche die TOP 10 der Ergebnisse aufgelistet hast, besuchst du alle Konkurrenten und betrachtest dir den Inhalt genauer. Wie viel Text ist auf der rankenden Seite vertreten? Wie oft kommt das Keyword vor? Gibt es Bilder? Wie ist die Struktur der Seite?

- Wörter zählen
- Keyword Dichte
- interne Links
- Bilder
- Inhalt
- Mehrwert des Inhaltes

Betrachte dir nun die rankende Seite der Konkurrenz für den Begriff „guter Staubsauger“.

Drücke die Tastenkombination STRG+F auf deiner Tastatur.

Es erscheint oben rechts ein kleines Suchfeld, in das du genau das Keyword eingibst.

Nehmen wir uns einmal Platz 1-3 vor, der organischen Suche nach „guter Staubsauger“.

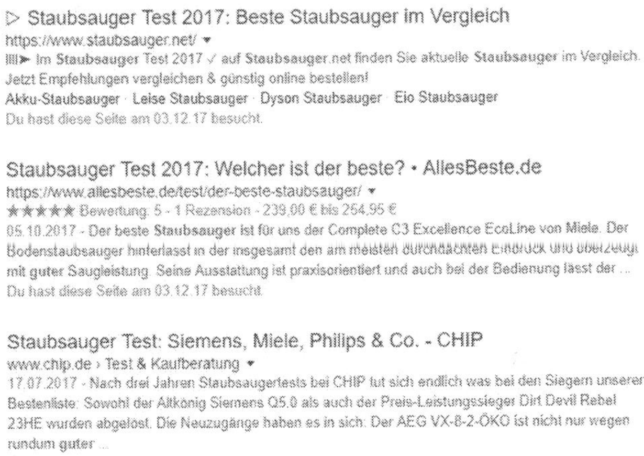
▷ Staubsauger Test 2017: Beste Staubsauger im Vergleich
https://www.staubsauger.net/ ▾
IIII► Im Staubsauger Test 2017 ✓ auf Staubsauger.net finden Sie aktuelle Staubsauger im Vergleich. Jetzt Empfehlungen vergleichen & günstig online bestellen!
Akku-Staubsauger · Leise Staubsauger · Dyson Staubsauger · Eio Staubsauger
Du hast diese Seite am 03.12.17 besucht.

Staubsauger Test 2017: Welcher ist der beste? • AllesBeste.de
https://www.allesbeste.de/test/der-beste-staubsauger/ ▾
★★★★★ Bewertung: 5 - 1 Rezension - 239,00 € bis 254,95 €
05.10.2017 - Der beste Staubsauger ist für uns der Complete C3 Excellence EcoLine von Miele. Der Bodenstaubsauger hinterlasst in der insgesamt den am meisten durchdachten Eindruck und überzeugt mit guter Saugleistung. Seine Ausstattung ist praxisorientiert und auch bei der Bedienung lässt der ...
Du hast diese Seite am 03.12.17 besucht.

Staubsauger Test: Siemens, Miele, Philips & Co. - CHIP
www.chip.de › Test & Kaufberatung ▾
17.07.2017 - Nach drei Jahren Staubsaugertests bei CHIP tut sich endlich was bei den Siegern unserer Bestenliste: Sowohl der Altkönig Siemens Q5.0 als auch der Preis-Leistungssieger Dirt Devil Rebel 23HE wurden abgelöst. Die Neuzugänge haben es in sich: Der AEG VX-8-2-ÖKO ist nicht nur wegen rundum guter ...

Quelle: organische Google Suche nach dem Begriff „guter Staubsauger“ (TOP 3)

Besuche die rankenden Seiten und recherchiere mit Hilfe der Tastenkombination STRG+F, ob im Text die Kombination „guter Staubsauger“ vorkommt. Was fällt dir auf? Richtig: alle 3 Konkurrenten haben nicht ein einziges Mal genau dieses Keyword im Text der Seite, die für dieses Keyword bei Google rankt.

Das ist schon einmal ganz gut. Hier kannst du tatsächlich

eine eigene Webseite erstellen und den Startseiten Text für das Synonym „guter Staubsauger“ optimieren. Wie das genau funktioniert, erfährst du später in dieser Schritt für Schritt Anleitung.

Besuche auch die Plätze 4-7 und kümmere dich auch um die zweite Seite der Google Ergebnisse (11-20). Je weniger Konkurrenten die rankende Seite auf „guter Staubsauger“ optimiert haben, umso besser für dich. Wie gesagt, das Keyword „guter Staubsauger“ ist nur ein symbolisches Beispiel, damit du einen Überblick erhältst, wie die Materie funktioniert.

Schritt 3: Analysiere den SEO Titel, Domain-Name und die Meta Description der Konkurrenz

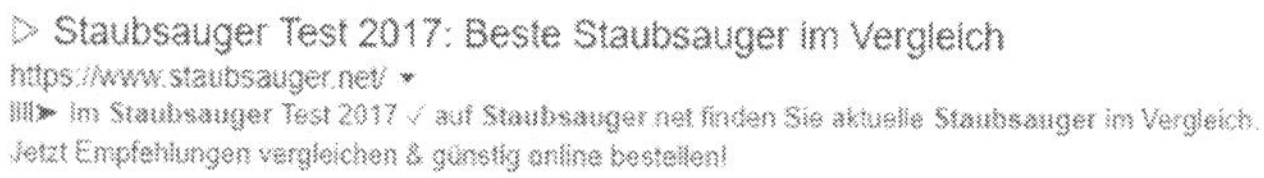

Was haben wir hier? Die Ergebnisse der Google Suche, spucken folgende Informationen aus:

- SEO Titel
- rankende Domain bzw. Unterseite
- Meta Description

Es beginnt mit dem SEO Titel: **Staubsauger Test 2017: Beste Staubsauger im Vergleich**.

Was genau ein „SEO Titel" ist und wie du selbst diesen auf deiner Webseite einstellen kannst, erfährst du im Kapitel, wo es um den Aufbau einer Webseite geht. Ist das beispielhafte Keyword „guter Staubsauger" im SEO Titel? **NEIN** – super.

Danach kommt die genaue Seite/Unterseite, welche bei Google für den Begriff „guter Staubsauger" rankt: **https://www.staubsauger.net/**. Befindet sich das Keyword im Name der Seite? **NEIN** – super.

Nun folgt die Meta Description, also die kurze Beschreibung, worum es sich bei dieser Seite handelt. Findest du in diesen kurzen Sätzen das Keyword „guter Staubsauger"? Ebenfalls nicht.

Das ist natürlich **SUPER**. Diese Seite befindet sich auf Platz 1 in der organischen Google Suche unter dem Keyword „guter Staubsauger", obwohl weder im Text, SEO Titel, Domain Name und in der Meta Description, das genaue Keyword „guter Staubsauger" enthalten ist.

Wichtige Faktoren bei der Konkurrenzanalyse sind demnach:

- Anzahl der Backlinks
- Keyword Dichte im Text
- Autorität der Webseite
- SEO Titel
- Meta Description

Diese Faktoren kannst du kostenlos erforschen. Natürlich gibt es auch zahlreiche kostenpflichtige Tools, wie zum Beispiel **secockpit**.

Schritt 4: nutze auch kostenpflichtige Tools

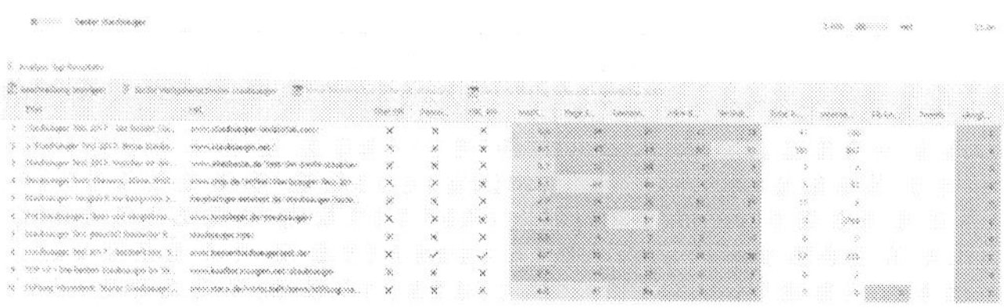

Quelle: secockpit Analyse Suchbegriff „bester Staubsauger“

Wie du klar erkennen wirst, ist dieses Keyword zwar relativ hart umkämpft, dennoch machbar. Suche dir lieber zu Beginn leichtere Suchbegriffe heraus. Analysieren wir einmal diese Auflistung genauer.

1. Suchvolumen: 3600 Anfragen im Monat über Google
2. das Keyword „bester Staubsauger“ ist kaum im Titel, Webseite und Meta vertreten

3. Es existieren doch einige Backlinks auf den Seiten der Konkurrenz.
4. Gemischte Werte beim Thema Autoriät (Domain und rankende Seite).

Du solltest dir zu Beginn einen Suchbegriff heraussuchen, wo die Autorität der Konkurrenz jeweils weniger als 20 ist. So tust du dich wesentlich leichter. Insgesamt erscheint die Konkurrenz zwar grundsätzlich **MACHBAR**, aber du wirst keine schnellen Erfolge erzielen. Suche dir also ein besseres Keyword, wo du schneller in die TOP 10 kommst.

Fazit zur Konkurrenzanalyse

Die Suche nach einem idealen Keyword für dein eigenes Affiliate Projekt und die Analyse der bestehenden Konkurrenz, sind von enormer Bedeutung für deinen zukünftigen Erfolg. Diese beiden Schritte musst du unbedingt im Vorfeld durchlaufen, noch bevor du dich in eine Webseite stürzt.

Das Affiliate Business ist zum Teil hart umkämpft und du musst eine Nische finden. Was ist eine Nische?

- Keyword mit wenig Konkurrenz und dennoch hohem Suchvolumen

Mache keinen Anfängerfehler und baue eine 08/15 Webseite für Suchbegriffe auf, die keiner sucht oder wo die Konkurrenz einfach zu hoch ist. Dann wirst du auch die ersten Erfolge erzielen und kannst dir nach und nach ein passives Einkommen mit dem Affiliate Marketing erwirtschaften.

2.4. Monetarisierung planen

Worum geht es bei der Monetarisierung überhaupt? Um die Schätzung, wie viel du mit einer Webseite verdienen kannst. Auch hier nehmen wir uns wieder einmal das beispielhafte Keyword „bester Staubsauger“ vor. Es geht also um Staubsauger, die du für Onlineshops wie Amazon bewerben willst.

Der Begriff „bester Staubsauger“ hat ein monatliches Suchvolumen von 3600.

Platz 1 bei Google	40 Prozent der Besucher
Platz 2 bei Google	25 Prozent der Besucher
Platz 3 bei Google	15 Prozent der Besucher
Platz 4-10 bei Google	10 Prozent der Besucher
Platz 11-20 bei Google	Weniger als 10 Prozent der Besucher

Wie du dir also denken kannst, blättern interessierte Nutzer der Suchmaschine Google, kaum auf die zweite Seite der Suchergebnisse. Dein Ziel besteht also darin, zunächst in die TOP 10 zu gelangen und deine Positionierung nach oben zu schrauben. Angenommen du erreichst tatsächlich Platz 10 in den Google Ergebnissen. Das ist dein erstes Ziel zu Beginn.

Hierbei kannst du davon ausgehen, dass etwa 10 Prozent der Besucher auf deine Präsenz klicken (sehr optimistischer Wert).

- 10 Prozent von 3600 Besuchern = 360 Besucher im Monat

Der Suchbegriff „bester Staubsauger“ ist ein starkes Keyword mit einem tatsächlichen Kaufinteresse. Wenn du eine ansprechende Webseite aufgebaut hast und wirklichen Mehrwert sowie schöne Produktvorstellungen etc. integrierst, werden auch 20 Prozent deiner Besucher auf einen Link (Affiliate Link) zu deinem Partner (zum Beispiel Amazon oder eBay) klicken.

Es landen also 72 deiner Besucher bei deinem Affiliate Partner, für den du Produkte bewirbst.

Erfahrungsgemäß beträgt die Rate der Käufe (Conversationsrate) in diesem Business bei recht niedrigpreisigen Produkten mit einer hohen Kaufabsicht, ungefähr 10 Prozent. Das heißt im Umkehrschluss, dass ca. 7 Kunden im Endeffekt einen Staubsauger kaufen.

- Suchvolumen 3600
- 10 Prozent besuchen deine Seite = 360 Besucher
- 20 Prozent deiner Besucher klicken die Links = 72 Besucher landen beim Partner
- 10 Prozent kaufen tatsächlich = 7 Verkäufe
- ein Staubsauger kostet im Schnitt 100 Euro
- Amazon beziffert die Provision in diesem Bereich auf 5 Prozent
- **7 Käufe x 5 Euro = 35 Euro Provision im Monat**

Diese Rechnung stellt keine Garantie dar, aber orientiert

sich stark an Erfahrungswerten. Stell dir jetzt einmal vor, dass du den dritten Platz in der organischen Suche schaffst unter dem Keyword „bester Staubsauger". Dann wäre die Gleichung folgendermaßen:

- Suchvolumen 3600
- 15 Prozent besuchen deine Seite = 540 Besucher
- 20 Prozent deiner Besucher klicken die Links = 108 Besucher landen beim Partner
- 10 Prozent kaufen tatsächlich = 11 Verkäufe
- ein Staubsauger kostet im Schnitt 100 Euro
- 5 Prozent Provision von Amazon
- **11 Käufe x 5 Euro = 55 Euro Provision im Monat**

Beim ersten Platz der organischen Suche, entspricht das übrigens rein rechnerisch und theoretisch:

- **Suchvolumen 3600**
- **40 Prozent besuchen deine Seite = 1440 Besucher**
- **20 Prozent deiner Besucher klicken die Links = 288 Besucher landen beim Partner**
- **10 Prozent kaufen einen Staubsauger = 29 Verkäufe**
- **100 Euro kosten Staubsauger durchschnittlich**
- **5 Prozent gibt Amazon Provision**
- **29 Käufe x 5 Euro Provision = 145 Euro Provision im Monat**

Allerdings muss klar gesagt werden, dass weit mehr Besucher kommen, als nur über diesen einzigen

Suchbegriff „bester Staubsauger". Wenn du deine Startseite optimierst und auch ähnliche Suchbegriffe einfließen lässt, erkennt Google ganz genau den Informationsgehalt und es werden auch Besucher über Anfragen wie :

- was ist der beste staubsauger
- die besten staubsauger
- etc.

auf deine Webseite gelangen. Du lieferst mit deiner Webseite nicht nur Infos zu den besten Staubsaugern, sondern erschaffst auch einige Unterseiten zu verschiedenen Themen mit anderen Keywords. Überdenke nur die Bereiche Staubsauger mit Beutel, ohne Beutel und andere Bereiche.

Dann wirst du im Laufe der Zeit mehrere tausende Besucher auf deiner Affiliate Webseite haben und dann kannst du dir die Rechnung selbst ausrechnen. Im ersten Moment klingen 50-100 Euro Provision vielleicht für dich nicht sonderlich viel, aber was ist wenn du **10 erfolgreiche Affiliate Webseiten** hast?

Neben den physischen Produkten, wie eben Staubsauger, existieren noch andere Themen wie Versicherungen, Kredite, eBooks und jede Menge anderer Affiliate Partner und Bereiche, die du bewerben kannst.

Wenn du Versicherungen bewirbst, zum Beispiel über das Partnerprogramm von Check24, kassierst du nicht selten

Provisionen im Bereich von 20-60 Euro pro Abschluss. Dasselbe betrifft Kredite. Auch hier gibt es jede Menge Banken und Partner, die du bewerben kannst. Natürlich musst du selbst nichts machen, außer deine Besucher zum Affiliate Partner weiter leiten.

Allerdings musst du dir im Vorfeld ganz genau bedenken, dass hier die Chancen für einen Abschluss wesentlich geringer sind. Viele Kunden sind sich im letzten Moment doch nicht ganz so sicher. Hier ein kleiner Vergleich:

- Keyword „Auto Versicherung (22000 Anfragen im Monat)"
- extrem hart umkämpft (lass die Finger davon)
- vielleicht schaffst du doch den Sprung auf Platz 10 bei Google
- 2200 Besucher im Monat
- 20 Prozent klicken auf den Link zum Partner
- 440 Klicks zum Partnerprogramm der Versicherung
- erfahrungsgemäße Abschlussquote lediglich 1 Prozent
- 4-5 Abschlüsse mit Provisionen von ca 30-40 Euro
- **rund 200 Euro Provision im Monat**

Klingt verlockend, ist es auch. Aber besonders zu Beginn, solltest du die Finger von Finanzen, Krediten und Versicherungen lassen. In der Regel ist diese Branche hart umkämpft.

Ausnahme: du ermittelst mit einem kostenpflichtigen

Tool ein tolles Keyword mit wenig Konkurrenz. Dann musst du sofort loslegen und kannst direkt starten!

Grundsätzlich lassen sich interessierte Besucher deiner Webseiten eher dazu zu „überreden", ein Produkt deines Partners zu kaufen, wenn der Preis recht billig ist. Natürlich kaufen die Leute eher eine Hundeleine für 15 Euro, statt einen Flachbildfernseher für 600 Euro. Das ist ganz klar.

Selbst wenn du dir mit einem tollen Keyword nur einen ungefähren Verdienst von 30 Euro im Monat ausrechnest, mache es einfach.

Es gibt wohl kaum ein besseres Gefühl, als wenn dein eigenes Affiliate Marketing Business die ersten Einnahmen abwirft. Das motiviert ungemein und du wirst immer besser!

3. Partnerprogramme und den richtigen Partner finden

Du hast dir ein profitables Keyword gesucht und die Konkurrenz geprüft? Du willst nun richtig durchstarten und dein eigenes Online Business im Affiliate Marketing aufbauen? Dann wird es Zeit, den richtigen Partner zu finden. „Partner" sind in diesem Fall Onlineshops oder Kreditinstitute, Versicherer oder digitale Informationsprodukte wie eBooks.

Prinzipiell baust dir dir eine eigene Webseite auf, fütterst den Besucher mit nützlichen Informationen und leitest deine Besucher auf deine Partner weiter. Sobald über deinen Affiliate Link ein Produkt gekauft wird oder ein Vertrag (Kredit, Versicherung etc.) abgeschlossen wird, verdienst du bekannterweise eine Provision. Doch welche Partner stehen so zur Verfügung?

3.1. Partner für physische Produkte

Ein physisches Produkt ist im Grunde ein Artikel den Kunden kaufen, sich liefern lassen und in den Händen halten. Sei es ein Staubsauger, Fernseher, Smartphone oder andere Produkte. Hier findest du eine enorme Auswahl an Shops, für dessen Produkte du werben kannst. Bekannte Beispiele sind:

- https://partnernet.amazon.de/ für den Shop von Amazon.de
- https://partnernetwork.ebay.de/ für den Shop von eBay.de
- https://www.otto.de/shoppages/service/orderpartner für den Shop von Otto.de
- https://www.conrad.de/de/ueber-conrad/affiliate-internetpartner.html für den Shop von Conrad.de
- https://www.zalando.de/partner-programm/ für den Shop von Zalando.de

Es gibt noch unzählige weitere Beispiele. Befrage doch einfach die Suchmaschine von Google, nach geeigneten Partnerprogrammen. Bei den Shops die du als Partner auswählst, erhältst du eine Provision für eine erfolgreiche Vermittlung, also dem Kauf über einen deiner Links.

Diese ist recht unterschiedlich und zum Teil gestaffelt. Bei Amazon.de, richtet sich die Provision (hier „Werbekostenerstattung“ genannt), nach der jeweiligen Kategorie. Kleidung wird zum Beispiel mit 10 Prozent vergütet, während Fernseher lediglich mit 1 Prozent vergütet werden.

Besuche einfach die oben genannten Affiliate Partner (und andere) und orientiere dich an den Vergütungen. Mache aber deinen Partner nicht unbedingt von den Provisionen abhängig, sondern richte dich eher an den zur Verfügung gestellten Werbemitteln und dem Bekanntheitsgrad der Shops. Kunden kaufen eher bei Amazon oder Conrad, als bei anderen weniger bekannten Shops.

3.2. Partner für Versicherungen

Wenn du in diesem Bereich als Affiliate tätig werden willst, existieren ebenfalls jede Menge Partnerprogramme der einzelnen Dienstleister und Versicherungen. Auch Vergleichsportale sind inbegriffen, für die du im Bereich Affiliate Marketing werben und Geld verdienen kannst.

- https://www.versicherungspartnerprogramm.de/ für den Tarifcheck
- https://www.check24-partnerprogramm.de/ für Check24
- https://www.finanzen.de/partnerprogramm für finanzen.de
- https://www.rv24.de/online/ueberuns/affiliate.xhtml für RV24
- https://www.finanzchef24.de/service/partnerprogramm für Finanzchef24

Das ist nur ein kleiner Auszug aus den vorhandenen Partnerprogrammen in diesem Bereich. Baue einfach eine Homepage auf und füge die Banner und Links ein. Wenn Besucher darauf klicken, werden sie automatisch zum Partner „durchgereicht" und du kassierst bei einem Abschluss eine Vergütung. Wie hoch diese im Einzelfall ist, hängt vom Dienstleister ab.

Versicherungen sind ein profitables Geschäft und dadurch auch recht hart umkämpft. Es lohnt sich für dich trotzdem, eine ausgiebige Keyword-Recherche zu betreiben und Nischen zu finden.

Der Verdienst ist hier weit höher, als wenn du physische Produkte bewirbst. Zwischen 20-80 Euro oder sogar noch viel mehr bei einem Abschluss, locken viele Affiliates zu diesen Partnerprogrammen. Vielleicht kennst du dich sogar in der Branche aus? Hast du eine Ausbildung in der Versicherungsbranche genossen oder hast du eine hohe Affinität zu diesem Thema? Dann bist du doch in der Lage, deine Webseite mit hochwertigem Inhalt zu füllen. Google wird dich belohnen und die Besucherzahlen steigen.

3.3. Partner für Kredite

Dieses Thema ist ebenfalls recht interessant und vor allem finanziell lukrativ. Kredite gehen immer wie „warme Semmeln" über den virtuellen Ladentisch. Sei es für das Eigenheim, zur Renovierung oder das neue Auto. Weil eben die meisten nicht wirklich derart viel Kapital haben, sind Kredite eine gute Chance zur schnellen Finanzierung. Hier kannst du als Affiliate auf den fahrenden Zug aufspringen und in diesem Sektor Geld verdienen.

- https://www.smava.de/partnerprogramm/ für Smava
- http://www.bon-kredit-partnerprogramm.de/ für Bon Kredit
- https://www.auxmoney-partnerprogramm.de/ für Auxmoney
- https://www.maxxkredit.de/kredit_partnerprogramm.shtml für Maxxkredit
- https://www.creditolo.de/partner/ für Creditolo

Interessant bei diesem Modell ist die Tatsache, dass du nicht nur für einen erfolgreichen Abschluss Geld verdienst. Auch die reine Anfrage wird vergütet. Wenn der potentielle Kunde seine Daten angibt und einen korrekten Antrag ausfüllt, bekommst du zwischen 10-15 Euro Provision.

Beim Abschluss, beziffern sich die Vergütungen zwischen 1-2 Prozent der Kreditsumme. Bei Beträgen von 10000 Euro, lohnt sich die Vermittlung enorm. Obige Aufzählung ist ebenfalls nur ein kleiner Auszug, aus den verfügbaren

Kredit Partnerprogrammen. Es wird sich für dich in jedem Fall lohnen, wenn du das optimale Keyword findest und dein Ranking bei Google steigt.

3.4. Partner für Bücher und eBooks

Der Wissensdurst vieler Menschen ist groß. Häufig sind potentielle Kunden auch gerne bereit, einige Euros in Wissen in Form von einem Buch oder eBook zu investieren. Hier kannst du anpacken und im Affiliate Marketing Bücher oder eBooks bewerben. Beispiele für aktive Partner sind:

- https://www.digistore24.com/ Plattform für eBooks und Ratgeber aller Arten
- https://www.buecher.de/go/benefits/partnerprogram/ für Buecher.de
- https://www.thalia.de/shop/partnerprogramm/show/ für Thalia.de
- https://www.weltbild.de/service/partnerprogramm für Weltbild.de
- https://www.ebook.de/de/category/67980/partnerprogramm.html für ebook.de

Du kannst den Hunger nach Informationen befriedigen, wenn du Affiliate Partner für Shops für Bücher, Ratgeber und eBooks wirst. Die Provisionen beziffern sich hier ungefähr bei 10 Prozent. Die Ausnahme ist digistore24, aber hier gehen wir in einem späteren Kapitel ausführlich auf diese Plattform ein.

Wichtig ist die Tatsache, dass Bücher und eBooks keine besonders teuren Produkte sind. Hier ist die potentielle Kaufbereitschaft sehr hoch. Jeder gibt gern 10-30 Euro für einen dicken Wälzer oder ein informatives eBook aus. Die scheinbar kleinen Provisionen (1-3 Euro), summieren sich schnell. Wenn deine Webseite bei Google gut rankt und die Besucher nur so strömen, sind einige hunderte Euro an Provisionen Monat für Monat problemlos machbar.

3.5. Partner in einem Netzwerk werden

Viele Shops und Dienstleister, betreiben keine eigenen Partnerprogramme. Hier werden viele Affiliate Programme über einen externen Dienstleister abgewickelt. Sogenannte Affiliate Netzwerke, fungieren als Plattform für den Verbund aus Affiliates wie du und den Partnern.

- https://www.affili.net/de/home
- https://www.awin.com/de
- https://www.belboon.com/de/
- https://www.adcell.de/
- https://www.superclix.de/

Auch hier werden nur einige der Anbieter aufgelistet. Wie funktioniert diese Angelegenheit?

- Diese Netzwerke sorgen für eine Verbindung für Webseitenbetreiber und Partner.
- Wer Werbung benötigt und ein Partnerprogramm anbieten will, kann sich registrieren.
- Wer Affilate Marketing machen möchte und Partner sucht, kann sich registrieren.

Nach einer kurzen, schnellen und unproblematischen Anmeldung, erhältst du Zugriff auf hunderte Partnerprogramme. Suche dir einfach ein passendes heraus und nutze die angebotenen Werbemittel. Sobald du eine Provision generierst, wird diese in deinem Account angezeigt. Nach einer gewissen Summe, kannst du eine Auszahlung beantragen.

Vorteile	Nachteile
Wesentlich mehr Partnerprogramme	Auszahlungslimit
Viele Statistiken	
Das Netzwerk kümmert sich um die Abwicklung	
Schnelle Anmeldung per Klick	

Auch diese Methode verdient durchaus ihre Berechtigung. Viele potentielle Partner wie Shops und Dienstleister, starten ihr eigenes Partnerprogramm über einer dieser Plattformen. Speziell Adcell, hat auch viele Programme im Erotik Bereich. Deine ID wird übrigens automatisch in die Affiliate Links eingefügt, damit deine Provision lückenlos nachvollzogen werden kann.

Affiliate Netzwerke sind ein einfaches Mittel, um viele Partnerprogramme zu finden. Lediglich das Auszahlungslimit ist oft ärgerlich. Aber in der Regel kannst du ab ca. 25 Euro, deine Provision auszahlen lassen. Probiere es ruhig aus und registriere dich völlig kostenlos und unverbindlich.

3.6. Zusammenfassung zu den Partnerprogrammen

Für jeden erdenklichen Bereich existieren Partner bzw. Partnerprogramme. Sogar im Erotik, Dating und Single-Bereich, findest du garantiert den richtigen Partner. Nimm dir genügend Zeit und suche dir den passenden Affiliate Partner für dein Business aus.

Sobald du dich anmeldest, stehen dir schnell die verfügbaren Werbemittel zur Verfügung. Deine persönliche ID, wird in jedem Link bzw. Banner und generell in allen Werbemitteln getrackt. Dadurch können die Adviser (Partner) genau feststellen, dass gerade dein Link den Umsatz beschert hat. Mach dir also keine Sorgen um diese Thematik.

4. Die erste eigene Affiliate Webseite

Nachdem du dich ausgiebig informiert hast, welches Keyword Sinn macht und wo möglichst wenig Konkurrenz besteht, hast du nun erfolgreich einen passenden Partner gefunden, den du bewerben willst. Jetzt geht es los. Die erste eigene Webseite für dein Affiliate Marketing steht zur Debatte.

Dieser Ratgeber basiert auf WordPress, dem erfolgreichsten Content Management System der Welt. Warum WordPress? Weil es ähnlich wie ein Baukasten System funktioniert. Zudem kannst du deine Homepage spielerisch individualisieren und zahlreiche Plugins (Erweiterungen), erleichtern dir den Aufbau deiner eigenen Webseite. Nach einigen Stunden findest du dich schnell zurecht und schon bald wirst du ein Profi sein wenn es darum geht, schnell Webseiten aufzubauen.

Nur mit einer Webseite, kannst du erfolgreich Affiliate Marketing betreiben.

- Webseite aufbauen
- Links und Banner zu den Partnern einpflegen
- Geld durch Vermittlung (Provision) verdienen

Welche Eckpfeiler sind von tragender Bedeutung?

- Name der Webseite (Domain)
- Anbieter für richtige Hosting
- CMS WordPress nutzen

4.1. Kostenlose Anbieter oder richtige Webseite

Grundsätzlich kannst du auch kostenlose Anbieter nutzen. Allerdings stört hier die Werbung (dadurch finanzieren sich die Anbieter). Zudem sind die Möglichkeiten begrenzt, weil kein eigenes WordPress Hosting möglich ist. Du kannst schon eine Webseite kostenlos basteln, diese macht aber sicherlich keinen besonderen professionellen Eindruck im Nachhinein. Kein Affiliate Marketer, betreibt eine gepflegte Präsenz über einen der kostenlosen Anbieter.

Bevor Fragen aufkommen, hier einige Links zu kostenlosen Anbietern:

- https://de.wix.com/
- https://www.yola.com/de
- https://de.jimdo.com/
- https://www.sitew.de/
- https://de.webnode.com/

Gut, hier kannst du dir kostenlos eine eigene Webseite erstellen. Allerdings hat dieser Aspekt wesentliche Nachteile.

- Du kannst den Namen der Webseite (Domain) nicht selbst bestimmen.
- Du hast nicht Zugriff auf die wertvollen WordPress Plugins.
- Lästige Werbung stört dich und deine Besucher.
- Die Funktionen sind eingeschränkt.
- Das Erscheinungsbild ist nicht sonderlich professionell.

Du wirst gleich merken, dass eine professionelle Webseite auf Basis von WordPress, nur wenige Kosten verursacht und jede Menge Vorteile bietet. WordPress an sich ist völlig kostenlos´. Du zahlst nur eine geringe jährliche Gebühr für die Domain und das Hosting.

Also gehe die Sache professionell an und baue deine erste eigene Affiliate Präsenz mit einer ordentlichen Domain (Name der Webseite), einem fachgerechten und sicheren Hosting und dem bekanntesten „Webseitenbauer" WordPress. Nachfolgende Informationen, basieren ausschließlich auf dem CMS WordPress mit all seinen nützlichen kostenlosen Plugins.

4.2. Domain auswählen

Du hast dein Keyword gewählt. Gehen wir wieder einmal vom altbekannten Beispiel „bester Staubsauger“ aus. In der organischen Google Suche, sollen die potentiellen Besucher auf deine Webseite klicken. Du musst also die Blicke auf deine Präsenz lenken. Beim Begriff „bester Staubsauger“ geht es demnach um die Kategorie **Staubsauger**.

Also sollte der Name deiner zukünftigen Domain darauf hinweisen, dass es sich hier ganz klar um das Thema Staubsauger handelt. Hier einige Beispiele, wie der wohlklingende Name deiner künftigen Webseite heißen könnte:

- Staubsauger-Vergleich.de
- bester-Staubsauger.com
- guter-Staubsauger.info

Quelle: www.checkdomain.de

So könnte das Suchfeld eines potentiellen Hosters aussehen, wo du nach Belieben die Verfügbarkeit prüfen kannst. Der bekannte Hoster www.checkdomain.de hat übrigens ein eigenes Partnerprogramm. Wie du siehst, kannst du sogar mit Hostern für Webseiten Affiliate Marketing betreiben. Natürlich gibt es noch zahlreiche andere Hoster, aber dazu später mehr.

Warum ist der Name der Domain so dermaßen wichtig?

- Erster Eindruck auf potentielle Besucher.
- Viel Aufmerksamkeit erregen.
- Direkte Information über den Inhalt der Webseite.

Wenn du Staubsauger bewerben willst, macht es wenig Sinn, www.blumenkübel.xxx als Domain zu verwenden oder? Also suche in einem Hoster deiner Wahl nach deiner freien und verfügbaren Wunschdomain. Wenn die beliebten .de Domains vergeben sind, dann nehme einfach .com, .info., .eu oder eine andere Endung. Neuerdings stehen sogar neue generische Endungen wie .shop zur Verfügung.

Bleibe auch flexibel beim Namen. Probiere alle möglichen Begriffe wie:

- Ratgeber
- Infos
- Test
- Check
- etc.

aus und erstelle dir einen wohlklingenden Namen. Zum Beispiel www.staubsauger-ratgeber.... , oder www.staubsauger-infos..... , oder andere Beispiele.

4.3. Webhosting auswählen

Nachdem du dich entschieden hast, welchen Namen deine Domain ungefähr tragen soll, besuchst du einen der zahlreichen Anbieter für Webhosting. Hier kannst du deine Domain registrieren und den nötigen Webspace zu günstigen Preisen erhalten. In der Regel kannst du als Einsteiger von günstigen Tarifen profitieren. Es geht also um keine Unsummen, wenn du deine erste Webseite ins Netz bringen willst. Hier sind einige Beispiele, für bekannte Anbieter, wo du recht günstig in den Genuss einer eigenen Homepage kommst.

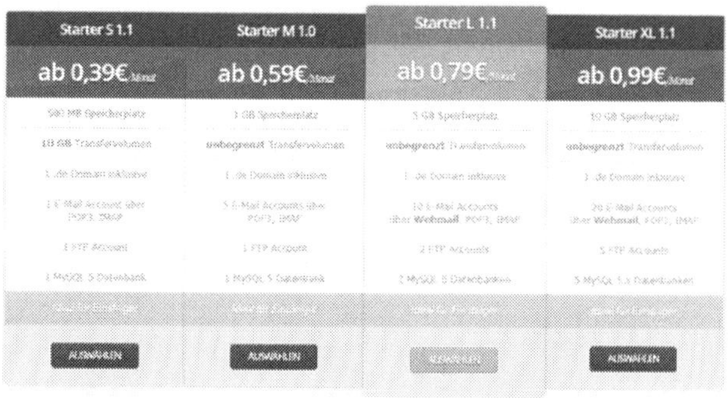

Quelle: https://www.serverprofis.de/

Hier bekommst du den günstigsten Tarif bereits ab 0,39 Euro pro Monat und eine .de Domain ist im Preis bereits inbegriffen. Wie du klar erkennen kannst, kostet die eigene Webseite angenehm wenig Geld und du kannst sehr günstig dein eigenes Business starten.

Quelle: https://all-inkl.com/

Dieser Anbieter, besticht durch attraktive Angebote für Kunden, die weit mehr als nur eine Webseite erstellen wollen. Für 9,95 Euro im Monat, kannst du dir 10 Webseiten aufbauen mit unterschiedlichen Domain-Endungen wie .de, .com oder .info.

Quelle: https://www.strato.de/

Auch dieser bekannte Webhoster, kann durch günstige Preise und einen tollen Support glänzen. Das Hosting deiner eigenen ersten Affiliate Webseite, ist demnach kein besonders kostspieliges Vergnügen.

- **Eigene Webseite online stellen für weniger als 10 Euro im Jahr.**

Nutze einfach die Suchmaschine Google, wenn du auf der Suche nach passenden Angeboten bist. In jedem Fall ist es für dein Affiliate Business zwingend notwendig, eine kostenpflichtige Webseite zu erstellen. Aber die Kosten halten sich echt in überschaubaren Grenzen. Hier noch ein kleiner Auszug, welche weiteren Hoster es auf dem Markt noch so gibt:

- https://www.checkdomain.de/
- https://www.united-domains.de/
- https://hosting.1und1.de/domain-check
- https://www.df.eu/
- https://www.hosteurope.de/
- https://alldomains.hosting/
- https://www.hetzner.de/

Das ist nur ein kleiner Auszug aus den Anbietern. Ganz sicher wirst du schnell fündig und kannst dir deine Domain und den nötigen Webspace sichern. Wichtig ist nur der Faktor, dass eine problemlose WordPress Installation per Mausklick funktioniert. Alternativ kannst du bei Google einfach den Suchbegriff „ WordPress Hosting“ eingeben. Dann werden dir nur Anbieter angezeigt, die eine einfache Installation per Mausklick ermöglichen.

4.4. WordPress installieren

WordPress ist das bekannteste Content Management System, dass einen einfachen und leicht zu erlernenden Aufbau einer Webseite ermöglicht. Das CMS ist derart beliebt, dass weltweit mehr als 70 Prozent aller Webseiten mit diesem System erschaffen wurden.

Nachdem du deine Domain ausgewählt hast und den passenden Tarif abgeschlossen hast, musst du das beliebte CMS WordPress installieren. Dazu gehst in das Menü deines Hosters, zum Beispiel ins ControlPanel. Das kann zum Beispiel folgendermaßen aussehen:

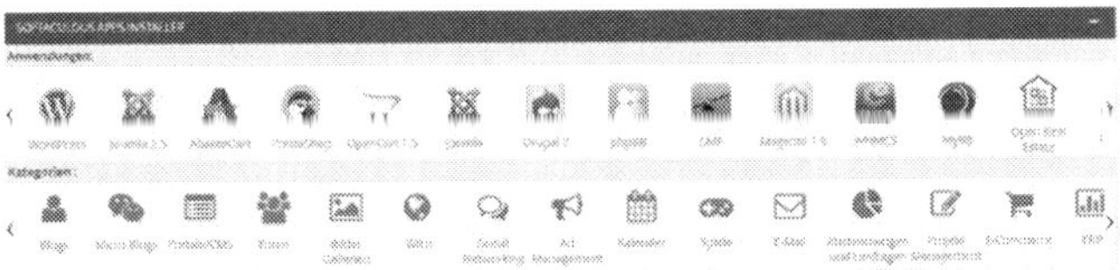

Quelle: ControlPanel von serverprofis.de

Klicke auf WordPress installieren und führe folgende Schritte aus:

1. Installiere WordPress

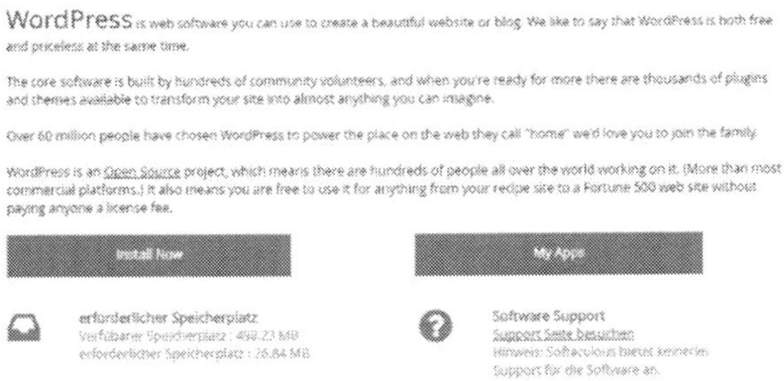

2. weitere Schritte

Im weiteren Verlauf, musst die wählen, ob deine Seite mit www oder ohne www angezeigt werden soll. Zudem legst du einen Benutzernamen und ein Passwort für deinen WordPress Zugang fest.

Wähle mit Bedacht und sorge auch für ein sicheres Passwort. Zuletzt kannst du ein beliebiges Theme auswählen, aber auch später wieder ändern. Nachdem die einfache Installation erledigt ist, kannst du dich mit folgendem Befehl in deinen WordPress Account deiner Webseite einloggen:

www.domainname.xx(deine gewählte Endung)/wp-admin/

Domainname: der Name deiner Domain den du ausgewählt hast
xx: deine Endung wie zum Beispiel .de, .com oder .info

Es erscheint nun folgendes Eingabefeld:

Hier gibst du deinen während der Installation gewählten Nutzernamen ein und das Passwort. Im Anschluss, befindest du dich mitten in der WordPress Benutzeroberfläche, die mit deiner Webseite verknüpft ist.

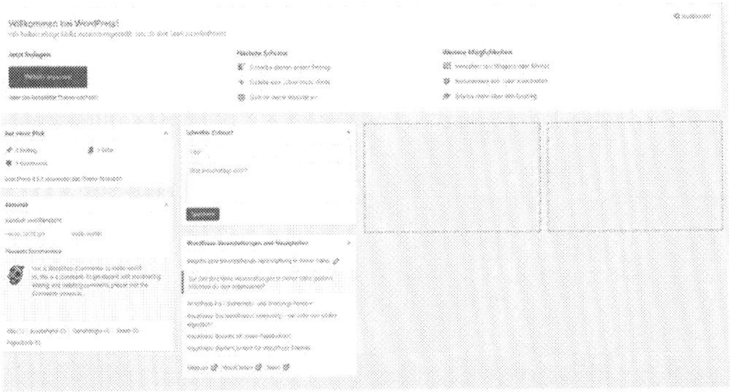

Willkommen in der Nutzeroberfläche von WordPress und dem Beginn deiner ersten eigenen Affiliate Webseite für das Affiliate Marketing.

5. Webseite aufbauen mit WordPress – erste Schritte

Nun befindest du dich in der Nutzeroberfläche von WordPress. Gewöhne dich schon einmal daran, weil alle zukünftigen Webseiten vermutlich über dieses CMS aufgebaut werden. Anfänglich vielleicht ein wenig verwirrend, wirst du dich dennoch sehr schnell zurecht finden und immer schneller eigene Affiliate Webseiten aufbauen.

Wir wollen das Thema WordPress nicht sonderlich vertiefen. Es gibt genügend Anleitungen im Internet. Zudem macht Learning by Doing wesentlich mehr Sinn. Trotzdem geben wir dir einige wichtige Infos im Vorfeld mit auf den Weg.

Links befindet sich das Menü, beim du Zugriff auf alle Funktionen hast.

1. Beiträge kannst du posten, wenn du eine Art Blog betreiben willst.
2. Medien sind zum Beispiel Bilder, die du hochladen und einpflegen kannst.
3. Seiten sind statische Seiten, die deinen wertvollen Inhalt wiedergeben.
4. Im Punkt Design, kannst den Style und weitere Anpassungen vornehmen.
5. Plugins sind nützliche Erweiterungen, die später erläutert werden.
6. Werkzeuge und Einstellungen, sind ebenfalls wichtige Möglichkeiten.

Zunächst, besuchst du Beiträge und Medien und löschst die Standard WordPress Beiträge. Danach erstellst du eine Startseite, die den ersten Eindruck deiner Affiliate Präsenz widerspiegelt. Jeder Besucher deiner Homepage, landet dann auf einer Startseite. Wie du diese erste Seite erstellst, erfährst du jetzt:

- Gehe in den Menüpunkt „Seiten".
- Erstelle eine neue Seite und gib ihr einen ansprechenden Namen.
- Klicke rechts auf „Veröffentlichen", dann ist die Seite online.
- Besuche „Einstellungen" und „Lesen".

Wähle nun den Punkt „Eine statistische Seite" aus und klicke unter „Homepage" deine gerade erzeugte Startseite an. Nun hast du eine feste statistische Startseite, die deine Homepage schmückt.

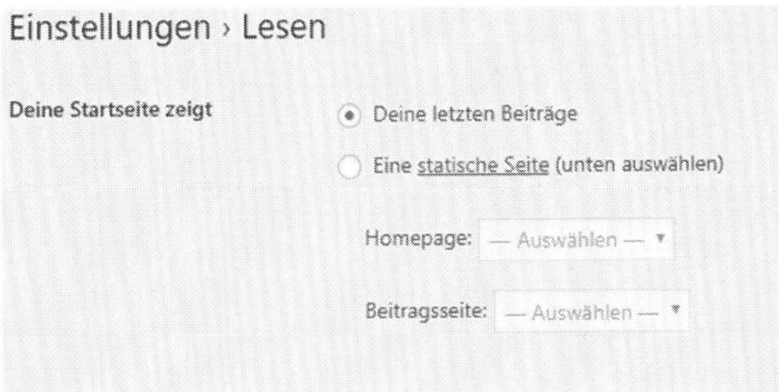

Dieser Punkt ist auch interessant, weil du im Punkt „Webseite anpassen“ bzw. „das komplette Theme wechseln“, deinen individuellen Stil deiner Webseite verändern kannst.

Eine Theme ist die grafische und stylische Oberfläche deiner Homepage. Es gibt zahlreiche kostenlose WordPress Themes, die ihre eigenen spezifischen Eigenschaften haben. Willst du eine Sidebar rechts oder links, oder möchtest ein schönes Bild Kopfbereich haben? Probiere einfach ohne Stress alle möglichen Themes aus und wähle dir ein optisch ansprechendes und weiterhin gut einstellbares Theme aus.

Wichtig ist auch die Thematik „mobile Anzeige“. Schließlich soll deine Webseite auch von dem Smartphone oder Tablet optimal betrachtet werden können oder?

Tipp:

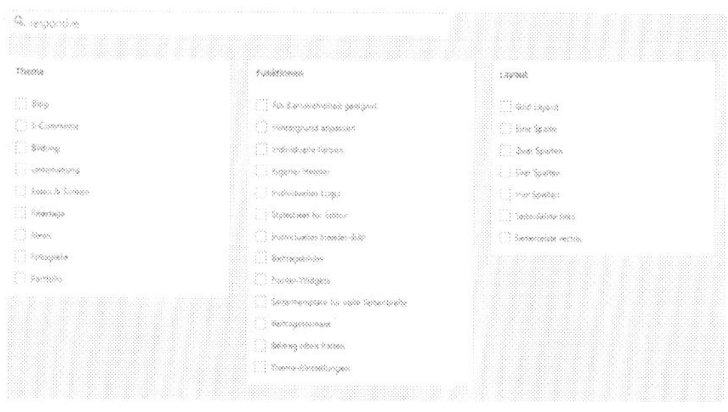

Gib in der Suche nach anderen Themes, einfach den Begriff „responsive“ ein. Das bedeutet im Umkehrschluss nichts anderes, als das sämtliche Themen die auf mobile Darstellung optimiert sind angezeigt werden. Zudem kannst du dir jede Menge anderer Filter nutzen. Wähle dein Theme in jedem Fall mit Bedacht aus. Aber keine Sorge, du kannst jederzeit das Theme spielerisch wechseln.

5.1. „Must Have“ Plugins für WordPress

Plugins für WordPress sind sehr nützliche Erweiterungen, meistens sogar kostenlos, die dir unzählige Möglichkeiten bieten. Besuche den Menüpunkt Plugins in der linken Spalte und gehe zu „Installieren“. Nun bekommst du einen Überblick, über die wichtigsten Plugins, die du unbedingt nutzen solltest.

5.1.1. Yoast SEO – SEO und Texte optimieren

Dieses mächtige Plugin ist dein wichtigster Wegbegleiter, wenn du WordPress zum Aufbauen von Webseiten nutzt. Worum geht es? Um Suchmaschinenoptimierung (SEO). Deine Webseite rankt bei Google nur, wenn du den Inhalt sozusagen „optimierst". Dabei spielen verschiedene Faktoren eine maßgebliche Rolle.

Wenn du einen Text schreibst und das Plugin Yoast SEO aktiviert ist, leitet das Plugin dich und gibt wertvolle Tipps.

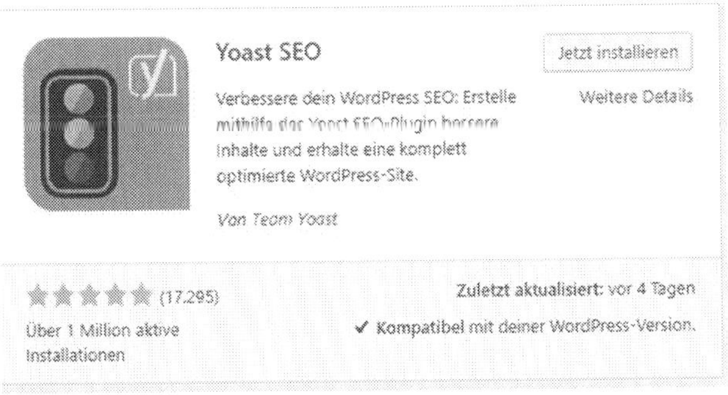

Installiere und aktiviere also unbedingt dieses enorm wichtige WordPress Plugin. Wenn du einen Text in einer der Seiten oder Beiträge schreibst, unterstützt dich Yoast SEO optimal.

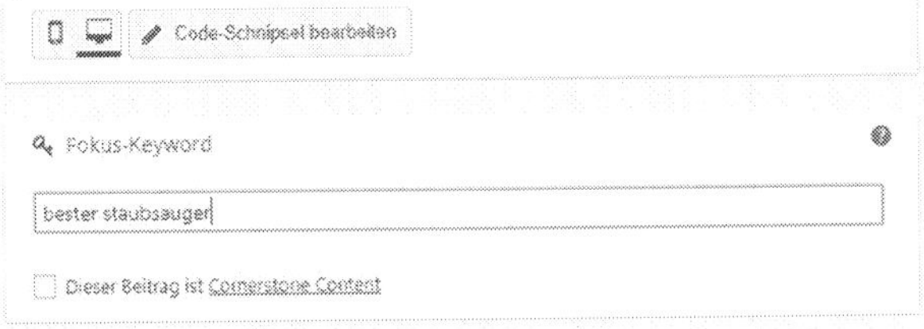

Zunächst gibst du dein Keyword ein, welches du nach intensiver Suche gefunden hast und für welchen Suchbegriff bei Google du deine Webseite optimieren willst. Hier wieder beispielhaft „bester Staubsauger".

Klicke nun auf „Code Schnipsel bearbeiten" und füge deiner Seite die du gerade bearbeitest, einen treffenden SEO Titel und eine aussagekräftige META Beschreibung zu. Sonderzeichen wie Pfeile und Häkchen, die das optische Erscheinungsbild noch weiter bekräftigen, findest zu unter https://nextlevelseo.de/html-sonderzeichen/. Der Vorteil besteht darin, dass du direkt mitverfolgen kannst, wie deine Seite in der Suche ausschaut. Prüfe auch deine Konkurrenten, welche Inhalte diese im SEO Titel und der Meta Beschreibung verwendet haben.

Sobald dein Text geschrieben wurde (dazu später mehr) und du dem Plugin gefolgt bist, könnte das Ergebnis folgendermaßen aussehen:

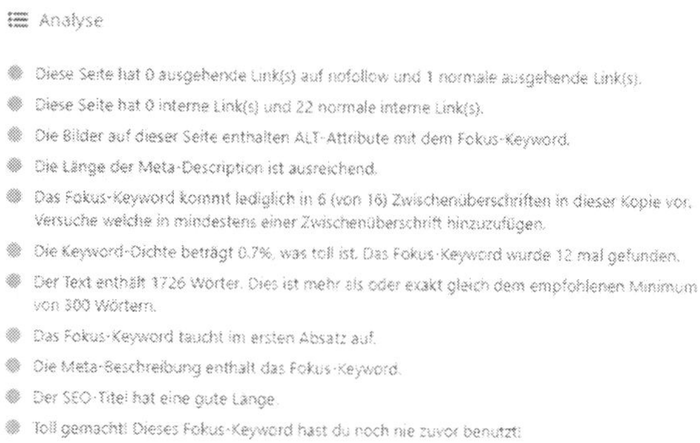

Auch beim Thema Lesbarkeit deiner Texte, gibt dir das Plugin Yoast SEO wichtige Ratschläge.

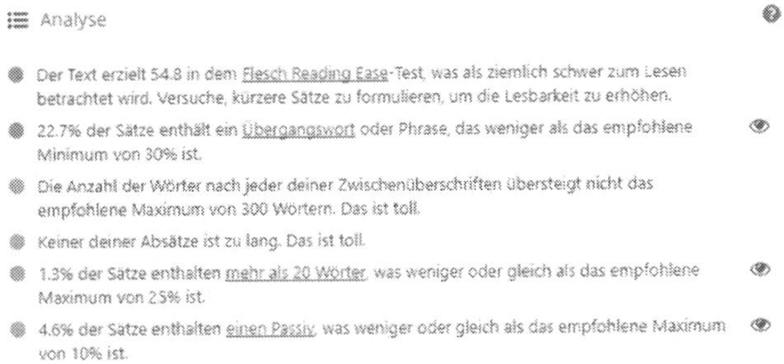

Das Plugin ist sehr mächtig und hat jede Menge äußerst nützlicher Funktionen. Du wirst es lieben und stets auf allen deiner Webseiten einsetzen. Probiere es doch einmal aus!

5.1.2. WP Fastest Cache – Ladezeiten beschleunigen

Die Ladezeit deiner Webseite ist ein wichtiger Rankingfaktor bei Google. Schnelle Ladezeiten sorgen auch dafür, dass überhaupt Besucher deine Seite betrachten. Speziell mobile Geräte wie Smartphones und Tablets, haben oftmals nicht die Kapazität (kein Highspeed Internet verfügbar), um unter Umständen 30 Sekunden zu warten, bis sich deine Webseite aufbaut. Hättest du darauf Lust? Wahrscheinlich springst du schnell ab und besuchst die Konkurrenz.
Das wollen wir natürlich vermeiden. Auch hier gibt es interessante Plugins, die den Quellcode deiner Webseite verkleinern und die Ladegeschwindigkeit maßgeblich erhöhen.

Installiere und aktiviere einfach folgendes Plugin:

Links im Menü erscheint nun das Symbol für dieses Plugin. Du kannst hier beispielsweise folgende Einstellungen übernehmen, damit sich die Ladegeschwindigkeit der Präsenz schnell verbessert:

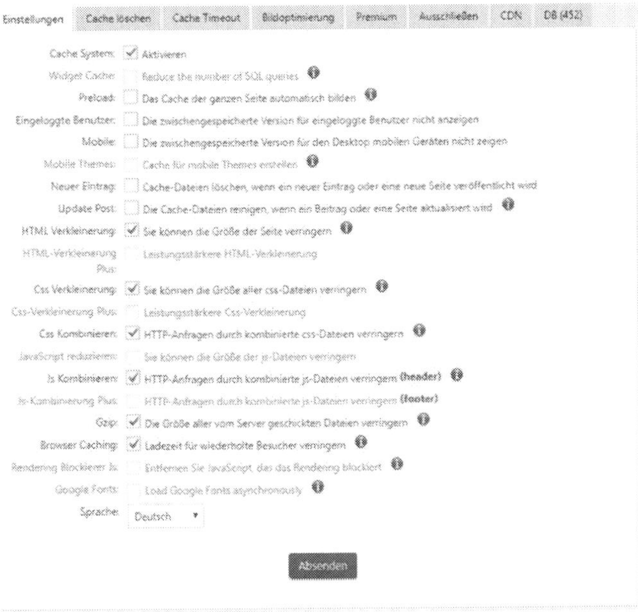

Natürlich sind diese Einstellungen kein absolutes Muss, aber empfehlenswert.

5.1.3. Jetpack für WordPress – Sammlung nützlicher Tools

Hierbei handelt es sich um eine kostenlose Sammlung von nützlichen Tools für deine Webseite und zugleich um eine Auslesung wichtiger Statistiken. Du willst doch wissen, wie viele Besucher täglich auf deine Webseite gelangen oder? Probiere es aus, es lohnt sich.

Nach der Installation von Jetpack, stehen dir zahlreiche Gimmicks zur Verfügung. Die Integration von sozialen Netzwerken, ein Pfeil im Bildschirm (der das direkte Scrollen nach oben ermöglicht) und jede Menge anderer sehr nützlicher Tools. Interessant sind auch die Statistiken. Du siehst ganz genau, welche Besucher bei dir gelandet sind und über welche Suchmaschinen. Zudem kannst du schnell erkennen, welche Seiten und Beiträge beliebt sind. Weiterhin stehen dir umfangreiche Statistiken zur Verfügung, sogar welche Links geklickt worden sind. Das kann zum Beispiel so aussehen:

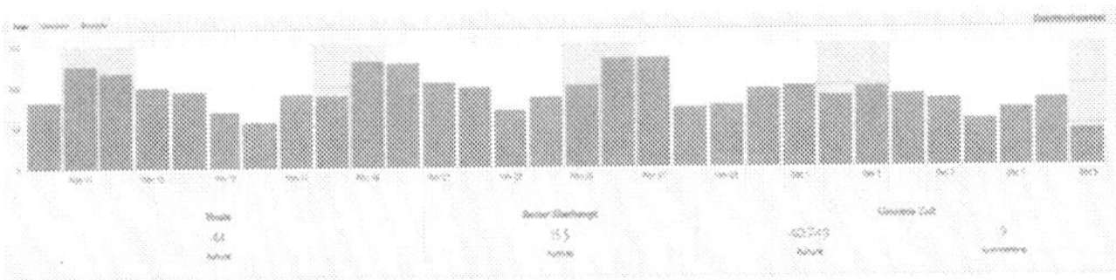

Es macht in jedem Fall Sinn, dieses Plugin zu installieren, um umfangreiche Informationen zu deinen Besuchern zu erhalten.

5.1.4. Weitere nützliche Plugins

Das Plugin für Google Analytics. Du benötigst hier einen Account bei Google, um noch genauere Statistiken zu erfahren.

Nützliches WordPress Plugin für die einfache und simple Erstellung von Tabellen.

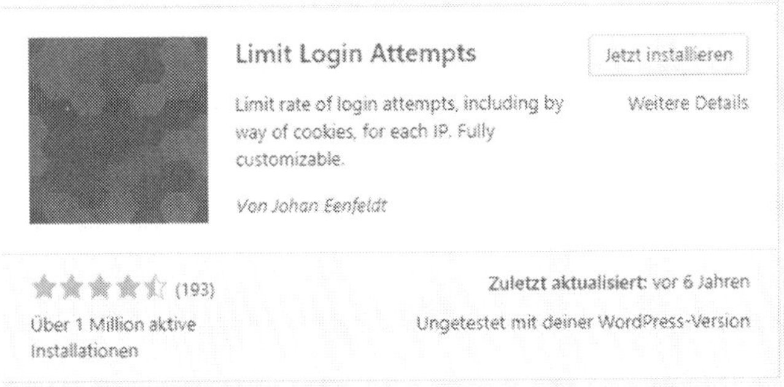

Schützt deinen WordPress Zugang zu deiner Webseite vor Hackern. SEHR WICHTIG!

Es gibt zahlreiche Plugins für WordPress, die dich hilfreich beim Aufbau deiner Seite unterstützen. Stöbere ruhig in Ruhe durch und mache deine eigenen Erfahrungen. In jedem Fall sind sämtliche hier aufgelisteten Plugins absolut kostenlos und bereichern deine Webseite enorm.

5.1.5. Kostenpflichtige Affiliate Plugins

Wie gefällt dir dieses Bild? Sehr animierend für Besucher deiner Seite, den Link zu klicken oder?

Sieht doch recht ansprechend aus oder? Willst du auch so ein Design in deine Webseite integrieren? Dann kommst du um eine kleine Investition nicht herum. Das Plugin von https://aawp.de/, stellt dir umfangreiche Produktboxen und Tabellen zur Verfügung, die du fast nur mit höheren Programmierkenntnissen selber erstellen kannst. Hier sind die aktuellen Preise:

Standard für 1 Webseite	39 Euro
Business für 3 Webseiten	99 Euro
Developer für beliebige Webseiten	199 Euro

Vielleicht erscheinen dir die Preise zu hoch, aber bedenke die optisch ansprechenden und klickstarken Verkaufsargumente. Wenn du beim Amazon Partnerprogramm mitmachen willst, findest du hier ein sehr starkes aber kostenpflichtiges Plugin für WordPress.

Ähnliche Plugins für das Affiliate Marketing und die Einbindung von klickstarken Boxen sind zum Beispiel:

- https://www.affiliate-toolkit.com/
- https://affiliatewp.com/
- https://amazilon.com/
- https://getasa2.com/

Alternativ existieren aber kostenlose Varianten:

- https://amazon-affiliate.eu/de/was-ist-amazon-partnerprogramm/amazon-associates-link-builder/
- https://de.wordpress.org/plugins/amazon-link/

Es ist aber dennoch auch problemlos machbar, eigene einfache Produktboxen zu erstellen, zum Beispiel mit dem Amazon Associates Link Builder (direkt vom Amazon Partnernet).

5.1.6. Fazit zu den WordPress Plugins

WordPress ist eben derart beliebt, weil so enorm viele nützliche Plugins zur Verfügung stehen. Zudem werden die Tools laufend aktualisiert und von den Entwicklern stetig weiter verbessert. Achte bei der Wahl darauf, dass die letzte Aktualisierung nicht länger als 3 Monate zurückliegt. Warum und weshalb? Weil sich durch Plugins, die nicht mit der aktuellen Version von WordPress „vertragen", unter Umständen Sicherheitslücken entstehen können.

Wenn du wenig Lust hast, ein Kontaktformular zu entwickeln und von Spam in Form von Kommentaren genervt wirst, gibt es auch zu diesem Thema sehr nützliche und hilfreiche Plugins. Schau dir einfach die populären Plugins an und informiere dich über die Google Suche nach hilfreichen Plugins. Die obigen vorgestellten, sind in jedem Fall „Must Haves" und erfreuen sich einer großen Beliebtheit. Natürlich kannst du beim Thema SEO und Ladezeiten auch alternative Plugins wählen. Probiere es einfach selbst aus, wie du am besten zurecht kommst und mache dir deine eigenen Gedanken.

6. Landingpage erstellen – klickstarke Startseiten

Was ist eine Landinpage? Eine Startseite auf die deine Besucher gelangen und die durch klickstarke Verkaufsargumente überzeugt. Du willst ja schließlich deine Besucher zum Klicken animieren und an deinen Partner weiter leiten oder? Du kannst selbst eine ansprechende Landingpage erstellen, oder einfach mit ein wenig Investition kostenpflichtige Tools nutzen.

Du motivierst in diesem Sinne den Besucher dazu, eine gezielte Aktion durchzuführen. Zum Beispiel einen Klick auf einen Link oder Banner. Je besser die Landingpage, umso höher die Rate der Conversation. Die Conversation beziffert sich aus den Besuchern und tatsachlichen Klicks.

- Klare Werbebotschaft
- optisch ansprechendes Erscheinungsbild
- auffällige Links und Werbemittel
- Animation eine Aktion auszuführen

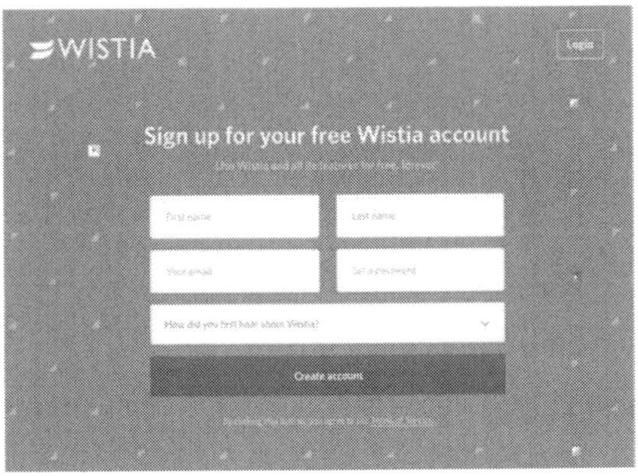

Was siehst du hier? Eine klickstarke Landingpage und der Besucher hat fast keine andere Möglichkeit, als die Felder auszufüllen und sich zu registrieren. Auch du kannst derartige Landingpages erstellen, indem du folgende Tools nutzt:

https://www.optimizepress.com/
https://thrivethemes.com/

Beide Varianten sind kostenpflichtig, aber erlauben dir einen sehr kreativen Spielraum und du wirst in sehr kurzer Zeit sehr ansprechende und klickstarke Startseiten erstellen.

Hier sind die aktuellen Preise für das Plugin Optimizepress :

Core für 3 Webseiten	97 Dollar
Publisher für 10 Webseiten	197 Dollar
Pro für beliebige Webseiten	297 Dollar

Lohnt sich das für dich als Einsteiger ins Affiliate Marketing? Aber sicher, wenn du das Budget ausgeben kannst. Nur so kommst du in den Genuss, eine starke und ansprechende Landingpage zu erstellen und die Rate der Klicks deiner Besucher maßgeblich zu erhöhen. Das lohnt sich insbesondere wenn:

- du ein eigenes Produkt verkaufen willst
- Email Adressen sammeln willst
- deine Besucher zum Affiliate Partner leiten willst

Hier sind die aktuellen Preise für das Plugin Thrive Themes (Architect-Landingpage):

1 Webseite	67 Dollar
Bis 5 Webseiten	97 Dollar
Unbegrenzte Webseiten	147 Dollar

Auch hier lohnt sich die Investition für dich, weil du im Handumdrehen starke Landingpages erstellen kannst, die deine Besucher dazu animieren eine Handlung zu tätigen.

7. Suchmaschinenoptimierung

Die Suchmaschinenoptimierung (SEO), ist der übersetze Begriff für Search Engine Optimizing. Hierbei versuchst du (und tausende andere Webseitenbetreiber im deutschsprachigem Raum), deine eigene Webseite in den Suchmaschinen gut zu positionieren. Du willst mit dem Begriff „bester Staubsauger“ in der Suchmaschine Google unter die TOP 10 gelangen? Dann kommst du um SEO nicht herum. Doch wie genau funktioniert dieses Prinzip und kannst auch du das erlernen?

Natürlich kannst du, schließlich liest du gerade diesen ultimativen Ratgeber zum Affiliate Marketing. Vielleicht erscheint dir diese Materie ein wenig trocken, aber es handelt sich um sehr wichtige Informationen, damit du ein gewisses Verständnis bekommst und immer besser wirst. Suchmaschinenoptimierung beziffert sich auf verschiedene Bereiche, immer mit dem klaren Ziel :

Du willst mit einem Keyword bei Google gut Ranken und dich Positionieren.

Du musst also diverse Maßnahmen treffen, damit dich Google als „wertvoll“ einschätzt und dich demzufolge auch im Ranking besser einstuft.

- Offpage SEO
- Onpage SEO
- suchmaschinenoptimierte Texte

Die erste wichtige Maßnahme hast du bereits getroffen.

Du hast dir mit obigen Tipps in den ersten Kapiteln ein Keyword gesucht, welches ein gewisses Suchvolumen hat und wo möglichst wenig Konkurrenz besteht. Das ist der erste und bedeutendste Schritt, beim Thema Suchmaschinenoptimierung. Nun hast du bereits eine Domain bei einem Hosting Anbieter gewählt und deine WordPress Installation steht auch schon. Zudem hast du dir sicher schon einige tolle Plugins installiert und aktiviert.

Bevor du direkt loslegst und deinen ersten Text oder Beitrag schreibst, bekommst du im Vorfeld noch einige wichtige Informationen zur Suchmaschinenoptimierung. Du brauchst die Infos später, wenn deine Seite steht und deine Homepage sich der Fertigstellung neigt.

7.1. Onpage SEO – Suchmaschinenoptimierung

Die Onpage Suchmaschinenoptimierung beläuft sich auf die technische Variante. Diese ist wichtig und macht am wenigsten „Arbeit". Es geht im Grunde um folgende Argumente, die alle für dein zukünftiges Google Ranking von maßgeblicher Bedeutung sind:

- Texte die mit Keywords bestückt sind und trotzdem Mehrwert bieten
- eine klare interne Verlinkung deiner Seiten, Unterseiten und Beiträge
- ein sinnvolles Menü deiner Webseite
- Bilder, die ebenfalls optimiert sind
- Definition von SEO-Titel, Meta-Beschreibung und URL-Name
- schnelle Ladezeiten deiner Webseite
- diverse Maßnahmen wie Sitemap und deine Google Indexierung
- Häufigkeit der Keywords in allen Bereichen wie Titel, Text, Meta etc.
- technisch saubere Formatierung und Sichtbarkeit

All diese Themen kannst du direkt beeinflussen und damit deine Webseite auf einen sehr guten und technischen ausgereiften Stand bringen. Google wird das belohnen und auch deine Besucher bleiben länger.

Tipp 1: schreibe einen SEO Text mit deinem Keyword

Hierzu erfährst du später mehr. In jedem Fall hilft dir das Plugin Yoast SEO enorm.

Tipp 2: optimiere auch deine Bilder die du einfügst

Bilder sind ein wichtiger Faktor in deiner Homepage. Einen reinen stumpfsinnigen Text ohne Bilder, wird kaum ein Besucher bis zum Schluss lesen. Bilder lockern auf und sind auch für die Suchmaschinenoptimierung von Relevanz. Sobald du ein Bild eingefügt hast, machst du folgendes :

- klicke auf das Bild und den Button „bearbeiten“

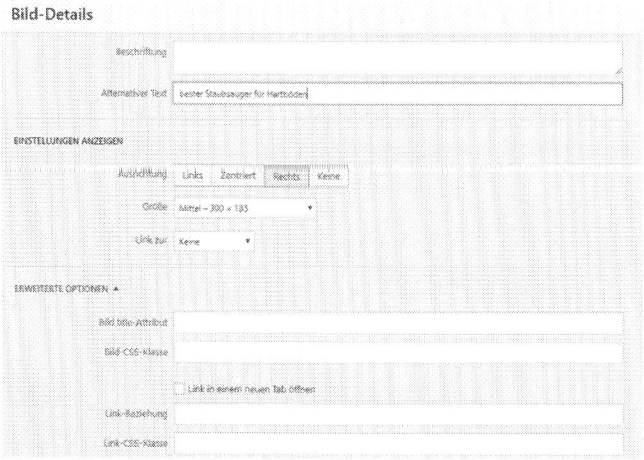

Füge deinem Bild auf diese Weise das „ALT-Attribut“ ein. Menschen mit einer Behinderung der Sehkraft, können sich Bilder vorlesen lassen. Erstens hilfst du damit diesen Menschen und Google ordnet das Bild beim Thema SEO passend ein. Der „alternative Text“, sollte also das Keyword enthalten. Wenn du mehrere Bilder hast, wiederhole den Text nicht sondern lass dir individuell einen anderen abgewandelten Text einfallen.

Die Größer der Bilder spielt ebenfalls eine Rolle (Ladezeit der Webseite). Hier kannst du beispielsweise folgende Webseiten nutzen, um deine Bilder zu verkleinern:

- http://compressjpeg.com/de/
- https://www.bilder-verkleinern.de/

oder du installierst die kostenlose Software TinyPic (http://www.chip.de/downloads/TinyPic-Bilder-verkleinern_27755921.html)

Bilder gehören also zur Suchmaschinenoptimierung dazu und bereichern deine Webseite.

Tipp 3: Menü und interne Verlinkung

Sobald deine Webseite mehrere Seiten bzw. Beiträge hat, solltest du diese intern verlinken. Im Backend von WordPress wirst du schnell lernen, wie du einen Link einfügst. Sorge dafür, dass deine Besucher auch die anderen Inhalte schnell finden und fündig werden. Zudem ist die interne Verlinkung ebenfalls ein SEO Faktor, den Google erkennt. Verlinken kannst du direkt im Text, über das Menü oder in der Sidebar.

Ein gutes und strukturiertes Menü ist ebenfalls wichtig und leitet deine Besucher an die richtigen Informationen.

Tipp 4: Ladezeit deiner Webseite beschleunigen

Auch die Ladezeit ist ein maßgeblicher Faktor, ob du bei

Google auf den vorderen oder eher hinteren Plätzen landest. Neben einigen nützlichen Plugins für WordPress, kannst du diese Tatsache auch durch die Komprimierung deiner Bilder beschleunigen.

Zudem musst du unbedingt die komplette Komprimierung deiner Webseite bei deinem Hoster aktivieren. Im Cpanel (bei deinem Anbieter vielleicht anderes) unter Software, sieht das wie folgt aus:

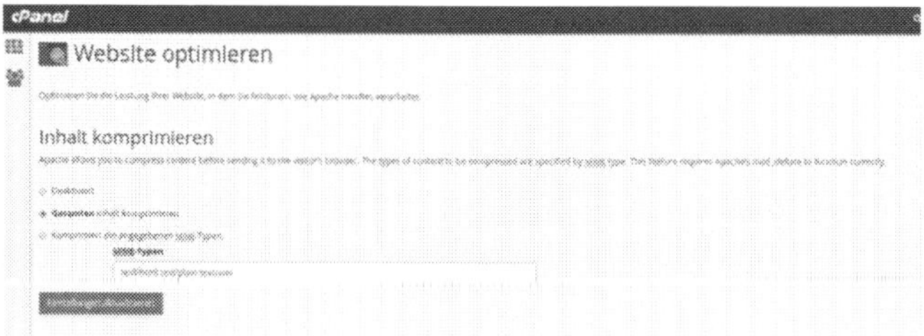

Vergiss unter keinen Umständen, den kompletten Inhalt deiner Webseite zu komprimieren. Nachprüfen, wie Google deine Webseite beim Thema Geschwindigkeit so sieht, kannst du hier:

https://developers.google.com/speed/pagespeed/insights/?hl=de

Optimiere deine Webseite so lange, bis du mindestens 80 Prozent Tempo (grüner Bereich) erreicht hast. Das Tool von Google zeigt dir auch ganz klar die Stärken und Schwächen der Ladezeit auf.

Tipp 5: SEO Titel, Meta Beschreibung und URL-Name

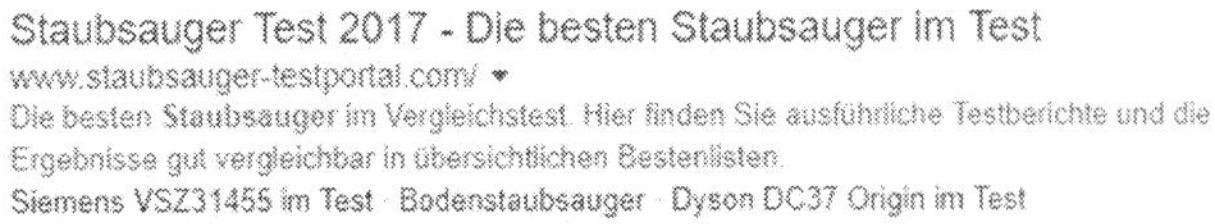

Mittlerweile kennst du dich aus, was diese Begriffe bedeuten. Aus Erfahrungen, laut Yoast SEO und aus Sicht der Suchmaschinenoptimierung, gehört dein Keyword in diese drei Kategorien. Im Idealfall wurde deine Webseite bei Google unter dem Begriff „bester Staubsauger" wie folgt Ranken:

bester Staubsauger 2018 – hier die Angebote finden (SEO Titel)
www.bester-staubsauger........ (URL der rankenden Seite)
Bester Staubsauger für Hartböden, hier finden Sie aktuelle Angebote..... (Meta Beschreibung)

In diesem Optimalfall, kommt das Keyword „bester Staubsauger" im SEO Titel, der URL und in der Meta Beschreibung vor. In der Regel schaffst du es aber selten, alle drei SEO Faktoren zu erfüllen. Konzentriere dich auf den Titel und die Meta. Der Name der URL ist nicht ganz so wichtig wie früher. Auch das gehört zum Thema onpage SEO.

Tipp 6: nutze auch kostenlose Tools um deine Webseite zu checken

Wenn du dir nicht sicher bist, ob du alles richtiggemacht

hast, kannst du kostenlose Tools nutzen, um deine Webseite zu analysieren und Fehler bzw. Schwachstellen zu finden.

- http://www.seitwert.de/
- http://www.seitenreport.de/
- https://www.advertising.de/sitecheck/

Diese drei Tools sind grundlegend kostenlos, prüfen deine Webseite und verraten dir klar die Schwachstellen. So sieht nachfolgend eine Webseite aus, die im Bereich Onpage SEO TOP optimiert ist (allerdings offpage SEO und in den sozialen Netzwerken nicht bekannt).

Quelle: https://www.advertising.de/sitecheck/

Das Tool berichtet dir über mehrere Seiten aber noch viel mehr und ist absolut empfehlenswert. Zudem kannst du sogar deine Domain mit Keyword einbringen und das Tool prüft die Keyword Dichte. Probiere es doch ruhig einmal völlig kostenlos aus.

Weitere technische Faktoren sind zum Beispiel:

- Alter der Domain
- Verhältnis aus Quellcode und Text

Das Alter der Domain kannst du nicht beeinflussen. Sobald deine Seite ein paar Jahre auf „dem Buckel“ hat und regelmäßig mit neuen Inhalten gefüttert wird, erreichst du eine Autorität bei Google. Diese Autorität wird auch als Domain-Autorität bezeichnet. Dasselbe gilt für die Autorität der rankenden Unterseite.

7.2. Offpage Suchmaschinenoptimierung

Unter einer Offpage Optimierung, versteht man nichts anderes, als die Verbreitung in sozialen Netzwerken, den Aufbau von Backlinks und die Erhöhung des Bekanntheitsgrades deiner Webseite. Diese Faktoren nehmen schon wesentlich mehr Zeit in Anspruch.

- Zahl der Backlinks auf deine Seite
- Zahl der Facebook Likes und Bekanntheit in anderen sozialen Netzwerken

Spezifisch der Aufbau von Backlinks, ist ein tragender Bestandteil in der Offpage Optimierung.
Gehen wir aber direkt zum Aufbau von Backlinks über.

7.3. Aufbau von Backlinks zu deiner Seite

Was ist ein Backlink und warum haben diese Backlinks eine derartige Bedeutung bei der Suchmaschinenoptimierung?

Ein Backlink ist ein Rückverweis (Link) von einer anderen Webseite zu deiner eigenen Webseite.

Ein Backlink ist eine Art Empfehlung von einer anderen Webseite zu deiner Präsenz.

Grundsätzlich ist die Devise: Je mehr andere Seiten auf deine eigene verweisen, umso „wertvoller" ist dein Inhalt bei Google. Klingt gut, ist aber nicht ganz so einfach. Früher vor 10 Jahren hat es genügt, möglichst viele Links in irgendwelchen Foren, Gästebüchern oder ähnlichen Plattformen regelrecht zu SPAMMEN. Das macht heutzutage wenig Sinn, weil Google immer empfindlicher wird. Die Suchmaschine erkennt mittlerweile recht gut, was ein natürliches Backlinkprofil ist.

Was ist ein natürliches Backlinkprofil?

Eine gesunde Mischung aus nofollow und dofollow Backlinks. Doch was ist das genau?

- DOFOLLOW Backlinks werden von Google gefolgt und steigern direkt dein Ranking
- NOFOLLOW Backlinks werden von Google nicht gefolgt sind trotzdem wichtig

Für ein natürliches Profil an Backlinks, gehören nofollow Links genauso dazu, wie dofollow Links. Alles andere wäre unnatürlich und es besteht die Gefahr, dass Google hier künstliche Unregelmäßigkeiten feststellt und dein Ranking negativ beeinflusst.

Versuche also möglichst beide Varianten zu bekommen. Doch wie baust du überhaupt erste Backlinks auf?

Tipp 1: Webverzeichnisse und Bloggerverzeichnisse

Nutze einige dieser Verzeichnisse, wo du dich kostenlos eintragen kannst:

- bloggeramt.de
- hotfrog.de
- linkheim.de
- suchnase.de
- webspider24.de
- dmoz.de
- findorama.de
- bellnet.de

Das sind nur einige Beispiele, wo du deine Webseite eintragen kannst und aus diesen Verzeichnissen heraus Links generiert werden. Versuche in jedem Fall stets eine andere Beschreibung deiner Webseite zu erstellen. Kopiere nicht einfach immer den selben Text hinein. Zudem sind die Qualitätsrichtlinien zum Teil recht hart. Baustellen und andere kuriose Seiten, werden oftmals gar nicht erst aufgenommen.

Tipp 2: Links über Foren erzeugen

Foren sind gut besuchte Portale, wo sich Menschen zu allerlei Dingen austauschen. Auch hier hast du die Möglichkeit, einen Link in einer Antwort zu platzieren. Achte aber unbedingt auf den Mehrwert und versuche gar nicht erst, durch einen sinnlosen Einzeiler Backlinks zu erzeugen.

- Gutefrage.net
- talkteria.de
- lesen.net/forum
- hifi-forum.de
- computerbase.de/forum
- vaybee.de
- foro.de

Es gibt unzählige Foren zu den unterschiedlichsten Themen. Lege dir einige Accounts zu und werde tätig. Poste zunächst einige sinnvolle Beiträge und Antworten, bevor du loslegst und Links einpflegst. Nur dann hast du eine Chance, dass dein Beitrag mit Backlink erhalten bleibt.

Tipp 3: soziale Bookmarks

Social-Bookmarks sind Verzeichnisse, wo du deine Inhalte mit anderen Menschen teilen kannst. Auch diese Methode eignet sich bestens, um Backlinks zu generieren. Hier ist eine kleine Liste, wo du dich eintragen kannst. Achte aber unbedingt auf abweichende

Beschreibungen deiner Webseite.

- Reddit.com
- xixxi.de
- folkd.com
- digg.com
- mybookmarks.at
- topblogs.de
- w4ca.org

Nutze auch unbedingt diese Verzeichnisse, um einen organischen und natürlichen Aufbau von Backlinks zu erzeugen.

Tipp 1: RSS-Verzeichnisse mit Backlinks

RSS-Verzeichnisse verlinken jeden einzelnen Blogbeitrag und dadurch erhältst du auch Links zu deinen Unterseiten bzw. WordPress Beiträgen. Die Qualität der Links ist nicht sonderlich berauschend, aber „Kleinvieh macht auch Mist“ und für eine natürliche Linkstruktur lohnt sich auch der Eintrag in diese Verzeichnisse. Hier ein kleiner Auszug:

- rss-verzeichnis.de
- rss-verzeichnis.net
- rss-scout.de
- rssverzeichnis.org
- web-feed.de
- rss-nachrichten.de

Schaue ruhig einmal bei diesen Anbietern vorbei und trage dich kostenlos ein.

Tipp 5: andere Webmaster anschreiben

Suche dir ähnliche Seiten (nicht unbedingt direkte Konkurrenten) und kontaktiere den Betreiber der jeweiligen Seite. Vielleicht kannst du einen nützlichen Beitrag schreiben, der ihm mehr Besucher bringt und seine Seite stärkt? Wenn du einen guten Job machst, darfst du vielleicht sogar im Text einen Link (Backlink) zu deiner eigenen Präsenz integrieren.

Kontaktiere verschiedene Betreiber von Webseiten und frage nach Links. Die Gegenleistung ist ein Text mit Mehrwert und gutem Inhalt, den er dafür in seine Webseite einbauen darf. So entsteht eine WIN-WIN Situation und ihr habt beide etwas davon. Auch diese Methode ist beliebt.

Tipp 6: checke die Backlinks der Konkurrenz

Wo nimmt sich die Konkurrenz die Backlinks her? Du solltest das unbedingt prüfen und nachahmen. Schließlich rankt die Konkurrenz nicht umsonst gut bei Google auf den vorderen Plätzen oder? Hier sind einige Seiten, wo du kostenlos die Backlinks der Konkurrenten prüfen kannst und damit die Chance besteht, einfach die selben Links zu generieren:

- http://www.backlinktest.com/
- http://www.backlink-tool.org/
- http://www.seo-backlink-tools.de/
- https://www.seo-united.de/backlink-checker/
- https://www.seokicks.de/

Besuche einer dieser Seiten, gib die Domain deiner Konkurrenz ein und prüfe, woher dessen Backlinks überhaupt stammen. Auf diese Weise kannst du dir Inspiration holen und neue Ideen finden.

Tipp 7: Backlinks kaufen

Dieses Thema ist ein „heißes Pflaster", weil Google bei Erkennung unter Umständen abstraft. Diese Methode verstößt klar gegen die Richtlinien für Webmaster. Wenn du trotzdem nicht die Finger davon lassen kannst, besuche doch einfach folgende Seiten:

- http://www.backlink-flat.de/
- http://www.backlinkskaufen24.com/
- http://www.backlinkseller.de/

Natürlich gibt es unzählige Angebote, aber grundsätzlich solltest du die Finger davonlassen. Die Gefahr ist einfach zu groß, dass deine wertvolle Zeit und die Mühe, die du in die Webseite gesteckt hast, umsonst waren. Solltest du wirklich keine Lust haben mühevoll Backlinks zu erzeugen, dann beauftrage einfach eine Agentur damit oder suche nach Dienstleistern.

- http://www.seojobboerse.de/

Hier kannst du mit ein wenig Budget einfach jemand damit beauftragen, dir einige Links in Foren zu integrieren. Das ist ein anerkanntes Geschäftsmodell und verstößt auch nicht gegen die Richtlinien. Diese Backlinks sind natürlich und werden auch nicht abgestraft.

Allerdings musst du ein gewisses Budget mitbringen, weil pro Forenlink mindestens 5 Euro anfallen. Schließlich musst du die Arbeit der Anbieter bezahlen.

Tipp 8: Wie viele Links brauchst du?

Zu Beginn bei einer kleinen Affiliate Seite, genügen 10 Links von verschiedenen Domains. Damit erkennt Google viel schneller den Inhalt deiner Seite, weil die Google „Roboter (Crawler)“ den dofollow Links automatisch folgen und deine Webseite schneller indexieren.

Je nach Situation der Konkurrenz, reichen einige Links oder du benötigst schon ein ganzes Paket. Deshalb ist es im Vorfeld so extrem wichtig, dass du eine ausgiebige Analyse der Konkurrenz betreibst. Finde **VORHER** heraus, wie stark deren Präsenz ist.

Tipp 9: In welchem Zeitraum werden Links gesetzt?

Auch ein wichtiges Thema. Mache nicht den Fehler und erzeuge innerhalb 10 Tagen 100 Backlinks von allen möglichen Verzeichnissen, Foren und so weiter. Das ist vollkommen unnatürlich und Google erkennt im schlimmsten Fall eine künstliche Manipulation. Lass dir zeit mit dem Linkaufbau. Erzeuge in 2 Wochen 10 Links und danach lässt du dir Zeit. Im Zeitraum von mehreren Monaten baust du dir ein natürliches Backlinkprofil auf.

Übertreibe es nicht mit dem SPAM von Backlinks. Wenn dein Inhalt lesenswert ist und von Mehrwert geprägt ist, wird sich deine Webseite im Laufe der Zeit via soziale Netzwerke teilen und vielleicht bekommst du völlig automatisch einige Links anderer Webmaster.

8. Dein erster SEO-Text auf deiner Webseite

Nun hast du grundlegende Kenntnisse zum Thema Keyword-Recherche, Konkurrenzanalyse, Suchmaschinenoptimierung und Webseitenerstellung erhalten. Jetzt geht es darum, einen Text zu schreiben. Dabei spielt die Mischung aus Suchmaschinenoptimierung und einem gewissen Mehrwert eine tragende Rolle. Dein Text auf deiner Homepage soll von Google unter einem gewissen Keyword gelistet werden und zugleich lesbar und informativ bleiben.

Es geht um die Keyword Dichte im Text.

Logge dich in deinen WordPress Account deiner Webseite ein, beginne eine neue Seite/Beitrag und füge dein gewünschtes Keyword/Suchbegriff in die Maske beim Plugin Yoast SEO ein. Dann kannst du loslegen und deinen Text verfassen. Orientiere dich an einer Keyword Dichte des exakten Suchbegriffs von einem Prozent.

Insgesamt macht es erfahrungsgemäß Sinn, wenn du eine Dichte von einem Prozent auf das spezifische Keyword erreichst und etwa einem Prozent auf das Keyword in abgewandelter Form. Was heißt das jetzt genau?

- 1 Prozent Dichte auf das genaue Keyword
- 1 Prozent Dichte in abgewandelter Form

Nehmen wir uns wieder das bekannte und beispielhafte

Keyword „bester Staubsauger" zur Brust.
In einem Text von 1000 Wörtern, sollte also rund 10 Mal dieses Wort/dieser Begriff vorkommen. Weitere 10 Mal in abgewandelter Form.

- 10 Mal „bester Staubsauger"
- 10 Mal ähnlich wie „der beste Staubsauger, Staubsauger Bestenliste, die besten Staubsauger, bester Bodenstaubsauger, Staubsauger für die beste Reinigung, etc, etc, etc"

Das hat folgenden Grund:

Google erkennt auch an ähnlichen Suchbegriffen die Thematik und du rankst dann ebenfalls für die verwandten Suchbegriffe. Alles in Allem, ergibt sich eine ausgewogene Keyword Dichte.

Komm nur nicht in Versuchung, das Keyword „bester Staubsauger" unsinnig oft im Text vorkommen zu lassen. Dadurch manipulierst du (Google erkennt das) und die Lesbarkeit im Text lässt zu wünschen übrig. Potentielle Besucher verlassen dann sprunghaft die Webseite und lesen sich den Inhalt nicht einmal ansatzweise komplett fertig.

Grundlegend ist der Mehrwert für den Besucher wichtiger, als Suchmaschinenoptimierung.

Natürlich kommst du nicht herum, gewisse Suchbegriffe für die du bei Google ranken willst, einzupflegen. Aber wenn, dann bitte so natürlich wie möglich. Du kannst gern auch Zwischenwörter einpflegen. Google erkennt trotzdem das Keyword und den Inhalt. Zum Beispiel:

- bester Bodenstaubsauger
- bester und günstigster Staubsauger
- Staubsauger mit den besten Funktionen

Versuche also nicht stumpfsinnig dein gewünschtes Keyword unterzubringen, sondern mache einfach guten Content mit Mehrwert für den Besucher und achte auf eine sehr gute Lesbarkeit.

Was ist ein flüssig lesbarer Text, der auch mit dem Smartphone gut lesbar ist?

Was auf dem Computer sehr gut aussieht, muss nicht zwingend auch für mobile Endgeräte gelten.

- Schreibe kurze und präzise Sätze.
- Keine Sätze länger wie 20 Wörter.
- Keine verschachtelten Sätze mit zig Kommas.
- Mache viele Absätze, keine gewaltigen Textblöcke.
- Binde viele Aufzählungen mit ein.
- Schreibe möglichst wenig im Passiv.

Leser lieben kurze Sätze und ebenfalls Aufzählungen und Listen. Binde auch eine Tabelle mit in den Text ein, zum Beispiel mit dem Plugin TablePress. Lockere den Text mit Zwischenüberschriften auf. Markiere wichtige Eckpfeiler **FETT** oder *kursiv*.

Du kannst dich hervorragend am Plugin Yoast SEO für WordPress orientieren. Hier gibt es einen Modus der

Lesbarkeit. Dort erfährst du wichtige Informationen, wie lesbar dein Text ist. Für erste Anhaltspunkte leistet dieses Plugin treue Dienste. Optimiere deinen Text und deine Besucher werden es dir danken.

Versetze dich in die Lage eines Besuchers deiner Seite. Die meisten Menschen überfliegen binnen weniger Sekunden den Text. Deshalb musst du wichtige Merkmale schaffen. Zum Beispiel in Form von:

- Aufzählungen
- Listen
- fett, kursiv und unterstrichen
- Bilder
- Tabellen
- Grafiken
- Call-to-Aktion Buttons

Was ist ein Call-to-Aktion Button?

Dieser Button lädt förmlich dazu ein, darauf zu klicken oder? Wenn du dieses „Bild“ jetzt in WordPress noch mit deinem Affiliate Link vom Amazon Partnerprogramm verknüpfst, wirst du deine ersten Euros schon bald mit dem Affiliate Marketing verdienen. Nutze folgende Webseite, um dir individuelle Buttons dieser Art zu basteln (kostenlos):

- http://buttonoptimizer.com/

Wichtig ist in jedem Fall, dass deine Seite optisch einen ansprechenden Eindruck hinterlässt. Nur dann bleiben die Besucher auch auf deiner Seite und lesen sich tatsächlich den Text durch. Das ist übrigens auch ein wichtiger Rankingfaktor bei Google. Je geringer die Absprungrate (der Besucher verlässt die Seite) und je höher die Verweildauer, umso eher besteht die Chance eines guten Rankings.

Versuche wirklich einen gewissen Mehrwert zu schaffen. Also keine Seite mit massig Affiliate Links ohne jeglichen Sinn. Sondern berate gut und informiere wirklich deine Leser. Besonders bei Suchbegriffen mit einer Kaufabsicht (zum Beispiel „bester Staubsauger"), fehlt nur noch ein Schwung an Informationen und Empfehlungen sowie Beratung. Dann werden deine Leser auch aus Interesse deine Links anklicken und sogar bei deinem Partner kaufen.

Übrigens, komme nicht in Versuchung, Texte aus dem Internet zu kopieren.

- Schaffe einzigartigen Inhalt (Unique Content).
- Google straft doppelte Texte rigoros ab.
- Du machst dich strafbar (Urheberrecht).

Doch was ist wenn du selbst nicht besonders talentiert bist eigene Texte zu schreiben?

8.1. Texte schreiben lassen

Halb so schlimm. Es gibt genügend Texterinnen und Texter, die nach deinen individuellen Vorgaben deinen Inhalt erschaffen. Allerdings musst du in diesem Fall dein begrenztes Budget nutzen. Affiliate Marketing kannst du mit sehr wenig Kosten beginnen, wenn du in der Lage bist, deine Texte selber zu verfassen. Hier sind einige bekannte Anbieter, wo du einen Textauftrag erstellen kannst:

- https://www.textbroker.de/
- http://www.contentworld.com/
- https://www.content.de/
- https://www.pagecontent.de/
- http://texte-kaufen.com/

Du zahlst Guthaben ein und erstellst Aufträge an Autoren. Hierbei kannst du genaue Vorgaben machen, damit du deinen gewünschten Inhalt bald selbst in deine Webseite einfügen kannst. Leider gibt es keine Garantie für einen perfekten Text. Es kann durchaus passieren, dass du einen 1000 Wörter Text in Auftrag gibst und dabei nichts brauchbares dabei heraus kommt. Meistens ist das aber nicht der Fall. Je genauer du die Auftragsbeschreibung verfasst, umso exakter wird der gewünschte Inhalt geliefert.

Eine Alternative gegenüber diesen Plattformen der Vermittlung zwischen Texter und Auftraggeber, sind Börsen für freiberufliche Freelancer. Diese schreiben dir ebenfalls nach Verhandlungsbasis deine Texte.

- http://www.texterjobboerse.de/

Das „Problem“ beim Texte kaufen ist nur, dass du Geld investieren musst. Nehmen wir ein kleines Rechenbeispiel:

- Webseite Startseitentext 1500 Wörter
- 10 Unterseiten bzw. Beiträge mit jeweils 600 Wörter
- 7500 Wörter gesamt für deine erste Affiliate Marketing Webseite

Das ist so ungefähr ein Wert, an dem du dich orientieren kannst. Mit einer einzigen Startseite, wirst kaum ranken können und deine Seite bietet kaum Mehrwert.

Je nach dem wie hoch die Qualität der Texte sein soll, musst du ungefähr 2 Cent pro Wort rechnen (mindestens). Also beziffern sich die Ausgaben bei 7500 Wörter auf 150 Euro. Kannst du diese Summe investieren? Wenn du allerdings diesen Ratgeber befolgst und die richtigen Schritte machst, wirst du diese Investition wieder hereinholen. Zudem schmäleren diese Ausgaben deinen Umsatz, was eine weitere Bedeutung bei der Steuererklärung hat. Dazu aber später mehr.

9. Email Affiliate Marketing

Bei diesem Prinzip geht es darum, Email Adressen zu sammeln und damit gezielt Marketing zu betreiben. Was bringt dir das? Du kannst mit Hilfe der gesammelten Emails noch mehr potentielle Kunden erreichen und dein Portfolio im Affiliate Marketing maßgeblich erhöhen. Bei der reinen Suchmaschinenoptimierung erreichst du Besucher über die rein organische Google Suche.

Beim Email Marketing erreichst du Kunden und Besucher über das Email Postfach. Dadurch wird deine Reichweite erhöht und es eröffnen sich zahlreiche neue Möglichkeiten Geld zu verdienen. Doch wozu ist das Marketing per Email sinnvoll?

- Wenn du eigene Produkte verkaufen willst, wie ein eBook.
- Um noch mehr Besucher auf deine Webseite zu locken.
- Hier kannst du in den Emails Affiliate Links einbinden.
- Mehr Reichweite und mehr Umsatz.

Nun stellt sich die wichtigste Frage.

Wie komme ich an möglichst viele tatsächliche Email Adressen?

9.1. Lead Magnet – animiere deine Besucher

Ein Lead Magnet verbindet zwei Begriffe: LEAD und MAGNET.

- Ein Lead ist ein Kauf oder eine Aktion, die der Besucher ausführt.
- Ein Magnet ist ein Anziehungspunkt, der den Besucher animiert zu klicken.

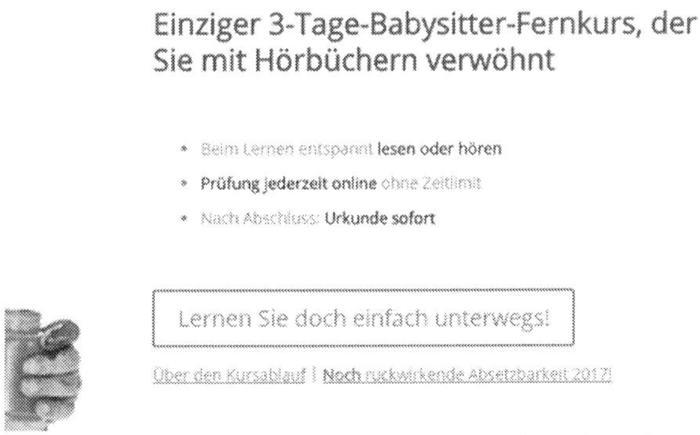

Quelle: Vendor bei digistore24 (Verkaufsseite)

Das ist ein gutes Beispiel, für einen Lead Magnet. Klare Informationen und ein eindeutiger und animierender Button, der förmlich dazu überredet, darauf zu klicken. Nachdem du klickst und dabei deine Email Adresse eingibst, ist diese Adresse im Verteiler des Betreibers. Dadurch ist er in der Lage, dir regelmäßig News und Infos zu schicken, die in deinem Postfach landen.

Wie kannst du einen Lead Magnet erzeugen?

Am besten mit kostenlosen Produkten!

Schreibe ein kleines eBook und animiere deine Besucher es herunterzuladen. Kostenlose Dinge gehen immer besonders gut über den virtuellen Ladentisch. Beim beispielhaften Thema „Staubsauger", kannst du zum Beispiel ein kleines eBook oder einen Ratgeber zum Thema „Wie kann man richtig staubsaugen" schreiben. Diesen als kostenlosen Download angeboten und schon sammelst du die ersten Email Adressen.

9.2. Email Marketing Software

Damit du deine gesammelten Mail Adressen auch verwalten und organisieren kannst, benötigst du diverse Software oder Online-Programme. Einige beliebte Namen im Markt sind zum Beispiel:

- Klick-Tipp*
- cleverreach

Kommen wir zum preislichen Segment dieser zwei Anbieter.

Klick-Tipp Preise:

Standard	Premium	Deluxe	Enterprise
27 Euro mtl.	47 Euro mtl.	67 Euro mtl.	149 Euro mtl.

Cleverreach Preise:

Dieser Anbieter erlaubt individuelle Anpassungen. Je nach Anzahl der zu verschickenden Mails, wie oft im Monat und anderen Kriterien, hast du die freie Auswahl an einem monatlichen ABO oder einer flexiblen Prepaid Aufladung.

Was genau bringen dir diese Programme überhaupt?

- Verwaltung deiner gesammelten Email Adressen
- automatisierter Versand an deine Kontakte
- Einrichtung eines Newsletters per Mausklick

- Statistiken und Informationen über geöffnete Mails
- Integration optisch ansprechender Lead Magnets in deine Webseite
- flexible einstellbarer Email Versand an deine Adressen

In diesem Fall ist ganz klar Klick-Tipp mein Favorit. Ich habe bereits viele E-Mail-Marketing Softwares ausprobiert und kann deshalb ohne Bedenken Klick-Tipp weiterempfehlen. Der größte Unterschied zwischen Klick-Tipp und anderen E-Mail-Marketing Softwares ist der, dass man bei Klick-Tipp ein Tag basiertet System hat. Was das genau ist und welchen mächtigen Vorteil das bringt, erfährst du HIER*.

Mit Hilfe dieser Programme, sammelst du nicht nur Email Adressen, sondern kannst vollkommen automatisiert einen Newsletter, Affiliate News oder andere Neuigkeiten an deine gesammelten Mail Adresse senden. Darüber hinaus, bekommst du Informationen, ob die Mails überhaupt gelesen werden. Du solltest dir das Email Marketing genauer betrachten, um deine Reichweite im Affiliate Marketing zu erhöhen.

Weitere Namen in der Branche sind zum Beispiel:

- https://www.rapidmail.de/
- https://www.newsletter2go.com/
- https://www.backclick.de/
- http://www.orangemarketing.de/
- http://www.kajomi.de/

Mit dem Email Marketing, kannst du dir schnell und vor allem seriös einen festen Kundenstamm aufbauen. Besonders mit Hilfe der kostenpflichtigen Dienste, benötigst du nur wenige Mausklicks, um völlig automatisiert Emails nach Belieben zu verschicken. Dabei kannst du deine Einstellungen individualisieren. Sollen diverse Mails nur an bestimmte Empfänger verschickt werden? Wie soll der Rhythmus ablaufen? Jede Woche oder nur einmal im Monat? All diese Aspekte und noch viel mehr, kannst du selbst bestimmen.

Dieser Service kostet natürlich Geld. Aber es kann sich durchaus finanziell für dich lohnen, wenn du gezielt und kundenorientiert Emails versendest. Deshalb macht es in jedem Fall Sinn, sich eine Stammleserschaft aufzubauen und wichtige Informationen per Email in regelmäßigen Abständen zu verschicken.

Insbesondere das Prinzip Lead Magnet, funktioniert auf diese Art und Weise hervorragend. Baue dir einfach eine schöne Startseite. Nutze auch diverse kostenpflichtige Dienste, wo du eine optisch gelungene Landingpage umsetzen wirst. Manchmal ist oftmals besser, lieber ein wenig Kapital zu investieren, dafür dann im späteren Verlauf doppelt und dreifach abzukassieren.

9.3. Newsletter aufbauen

Ein Newsletter eignet sich besonders für interessierte Zielgruppen, wenn du über Wissen über ein ganz spezifisches Thema verfügst. Angenommen du hast eine Ausbildung oder Studium in der Finanzbranche abgeschlossen und verfügst über fundierte Kenntnisse im Bereich Aktienhandel.

Dann macht es doch durchaus Sinn, eine eigene Affiliate Seite in diesem Sektor umzusetzen. Was kannst du hierbei bewerben? Ganz einfach: Girokonten, Aktiendepots und sogar den Handel mit Binäroptionen. Wenn du genügend im Vorfeld recherchierst, wirst du garantiert auch ein lukratives Keyword finden.

Nun integrierst du mit Hilfe einer Landingpage oder mit Hilfe obiger Email-Dienste, einen tollen Newsletter. Wer deine Seite besucht, hat auch Interesse an kostenlosen Informationen. Deine potentiellen Besucher und Kunden können sich einfach kostenlos registrieren (und problemlos wieder abmelden). Das funktioniert auf diese Art und Weise:

- Anmeldung im Newsletter mit Vornamen und Email Adresse
- Besucher muss seine Email Adresse bestätigen (in seinem Postfach)
- jetzt hast du eine Email Adresse mehr, die kein Fake ist
- ein weiterer potentieller Kunde und Käufer deiner Affiliate Projekte

Jetzt musst du dir Gedanken machen, wann dein Newsletter erscheint und welche Informationen darin vertreten sind. Im Bereich Finanzen und Aktien, kannst du zum Beispiel wöchentliche News im Finanzsektor posten. Dabei macht es je nach Zielgruppe natürlich Sinn, Affiliate Links einzupflegen. Was könnte deine Zielgruppe wollen?

- Selbst mit Aktien handeln.
- Sich informieren wie das Aktien Business so läuft.
- Empfehlungen und gute Depots.
- Kostenlose Depots oder Konten.
- Demokonten für den Handel mit binären Optionen.

Alle diese Interessen kannst du fast schon spielerisch zu Geld machen. Melde dich bei einem Partnerprogramm für Girokonten, Aktiendepots oder Online-Broker an. Hier lassen sich gewaltige Summen an Provisionen verdienen.

Das Beispiel für den Finanzsektor ist nur eine Variante. Stell dir vor, dass du eine Nische im Bereich Schwangerschaft und Baby gefunden hast. Du kannst es hier leicht mit Kinderwägen, Babybetten auf Amazon oder Babyphones versuchen. Natürlich immer im Vorfeld genau die Keywörter recherchieren. Also schreibst du einen guten und kleinen Ratgeber, welche Baby Erstausstattung so benötigt wird. Diese Infos packst du in ein eBook und präsentierst du kostenlos auf deiner Homepage. Dankende Besucher werden das Buch herunterladen und was hast du davon?

Du hast wieder eine Email Adresse mehr für den Newsletter Versand in deinem Email Tool.

Jetzt kannst du zum Beispiel einen wöchentlichen Ratgeber via Newsletter an deine gesammelten Email Adressen schicken. Der Inhalt könnte sein:

- aktuelle Kinderwägen
- Testberichte über gute Babyphones
- Ratgeberartikel rund ums Baby
- Welche Schwangerschaftstests machen Sinn?

In jedem Newsletter kannst du nun interessante Artikel auf eBay, Amazon oder einem anderen Shop (dessen Partner du bist), via Affiliate Link verlinken. Im Grunde erreichst du mit dem Email Marketing und einem zielgerichteten Newsletter weitaus mehr potentielle Käufer, als mit einer reinen Affiliate Seite.

Bei einer reinen Seite besuchen dich die Kunden und verschwinden eventuell wieder, ohne einen Link zu klicken und ein Produkt im Partnershop zu kaufen. Wenn du aber KOSTENLOS ein eBook oder einen Ratgeber zum Download anbietest, bleibt dir die Email Adresse des Besuchers und du kannst die Angelegenheit noch weiter „vertiefen“. Zum Beispiel in Form eines Newsletters.

Das Email Marketing macht Sinn, ist beliebt und lohnt sich nach wie vor.

Lass dir diese Chance nicht entgehen, wenn du wirklich alle Marktlücken ausnutzen willst und dein Online Business im Affiliate Marketing auf die Spitze treiben willst.

10. Nachhaltige Pflege deiner Webseite

Dein Kopf ist jetzt voller Informationen? Jetzt gehen wir es etwas ruhiger an. Also was hast du nun alles geleistet?

1. Du hast nach einem Keyword ausgiebig und intensiv recherchiert.
2. Du hast die Konkurrenz genau begutachtet.
3. Du hast einen Partner gefunden (Amazon, eBay etc.).
4. Du hast dir eine Domain incl. Hosting billig organisiert.
5. Du hast WordPress installiert und bereits erste Erfahrungen im „Homepage basteln“.
6. Auch Grundkenntnisse im Bereich Suchmaschinenoptimierung bestehen.
7. Natürlich ist dein erster Text, oder sogar mehrere Inhalte direkt online.
8. Mit Email-Marketing kennst du dich auch aus.

Jetzt geht es um die Pflege deiner Webseite. Sobald du das Grundgerüst fertig hast, also die Startseite und einige Beiträge oder Unterseiten, sowie 5-10 Backlinks, wird es Zeit die Seite bei Google einzureichen. In der Regel erkennt die Suchmaschine deine Präsenz auch selbst, das kann aber etwas Zeit in Anspruch nehmen. Wie hilfst du der Sache ein wenig auf die Sprünge?

10.1. Webseite bei Google eintragen

Melde dich in der Google Search Console an : https://www.google.com/webmasters/tools/home?hl=de

Hier kannst du (mit einem Google Account) deine Webseite eintragen. Warum? Weil dieses feine Tool des Giganten selbst, dir weitere Möglichkeiten und vor allem eine schnelle Indexierung deiner Präsenz ermöglicht. Also was machst du hier?

1. Property hinzufügen (Webseite hinzufügen)
2. Inhaberschaft bestätigen
3. Sitemap eintragen
4. abwarten und die Statistiken verfolgen

Es ist kein Zwang, diesen Schritt zu unternehmen, aber es macht in jedem Fall Sinn. Google beschleunigt die Indexierung, weil du den Google Crawlern so den Weg zeigst. Zudem bekommst du viele wichtige Informationen über die Klicks auf deiner Webseite, unter welchen Begriffen du derzeit rankst und wie viele Seiten aktuell indexiert sind.

Deine „Sitemap" findest du übrigens im WorpPress Plugin Yoast SEO unter „Sitemap".

10.2. Weitere Inhalte hinzufügen

Nachdem deine Seite komplett steht, ist sie sozusagen ein Selbstläufer. Das ist fast richtig. Tatsächlich brauchst du dich deine Webseite kaum noch kümmern. Trotzdem solltest du regelmäßig neue Inhalte hinzufügen, einfach um eine Autorität bei Google aufzubauen. Ansonsten wird deine Präsenz vielleicht ein Senkrechtstarter, der aber schnell wieder abstürzt.

Nehme dir einfach vor, einmal die Woche einen neuen Beitrag zu posten oder eine neue Seite zu erstellen. Zumindest solange, bis deine Webseite fest in den Google Rankings verankert ist. Mindestens eine neue Seite pro Monat, sollte Pflicht sein. Du musst auch die Vorteile bedenken:

- mehr Seiten zu mehr Keywords bedeutet : mehr Besucher über Google
- mehr Besucher bedeutet im Umkehrschluss: mehr Umsatz

Zur Not lagerst du dein Einkommen zum Teil aus und lässt dir einige Texte von anderen Textern schreiben. Sorge aber grundsätzlich immer für eine ausgiebige Keyword Recherche. Kein Beitrag und keine Seite zu einem Thema, wo auch Nachfrage besteht und wo du für diese Seite ranken kannst. Es kommt immer auf deine Nische an, ob es Sinn macht die Seite weiter zu optimieren.

Wenn du dir zum Beispiel das Thema „Hundehalsband“ in den Fokus genommen hast, dann wirst du irgendwann mit deinem Latein am Ende sein. Es macht dann wenig Sinn, noch weiter Texte zuschreiben, weil einfach keine Nachfrage (Suchvolumen) mehr besteht. In anderen Themen wie Finanzen und Baby, gibt es hunderte attraktive Keywords, wo du durchaus einen Beitrag schreiben kannst. Selbst wenn es nur für Google Adsense ist (dazu später mehr unter weitere Einnahmequellen).

10.3. Weitere Backlinks aufbauen

Gut, du hast sicher aufgrund dieses Ratgebers die ersten Backlinks aufgebaut. Mach weiter so! Auch wenn du irgendwann vielleicht 20 Seiten hast und Geld verdienst, vernachlässige den Backlink Aufbau nicht. Je mehr du anhäufst (natürlich und mit einem gewissen Zeitabstand), umso höher stuft dich Google bei deiner Autorität ein. Vielleicht bist du ja sogar bei einem 2000er Keyword die Nummer 1 bei Google? Oder bei einem 25000er Suchbegriff Nummer 3? Stell dir doch einmal die potentiellen Einnahmen vor.

- Baue weiterhin Backlinks auf, auch wenn deine Seite steht und recht gut rankt bei Google.
- Jeden Monat 5 Links und deine Autorität steigt langsam aber sicher an.

Sobald dein Affiliate Business einmal ins Rollen kommt, nimmst du dir einfach einen Tag in der Woche Zeit, um einige Links zu deinen Seiten zu setzen. Sei es der Forumspost mit Link oder der Eintrag in einem Gästebuch. Nimm dir wirklich die Zeit und treibe die Anzahl deiner Backlinks voran. Warum das Sinn macht?

Nehmen wir zum Beispiel die Marke Zalando. In fast jeder organischen Google Suche nach Kleidung und Schuhen, platziert sich dieser Onlineshop mindestens in den TOP 20.

Domains	Ja	Nein	Anteil
Aktiv	1962	300	0.0%
DeepLink	1607	355	0.0%
Follow	1689	273	0.0%

Backlinks	Ja	Nein	Anteil
Aktiv	35608	5129	87.4%
Deep Links	25659	15078	63.0%
Follow	29120	11617	71.5%

Quelle: http://www.seo-backlink-tools.de/

Die Seite hat 35608 Backlinks und davon 29120 dofollow (71,5 Prozent).

Was glaubst du weshalb Zalando bei Google dermaßen gute Rankings hat und im Bereich Mode und Schuhe derart gut platziert ist? Wegen dem Inhalt, den Texten und dem Mehrwert? Sicher nicht, derart viele Backlinks machen aus dem Onlineshop eine echte Autorität. Bereits seid fast 10 Jahren als Onlineshop tätig, hat sich der Gigant recht viele Backlinks gesammelt.

Du als neuer Affiliate Marketer musst dir natürlich nicht so viele Links zulegen. Das ist klar. Aber versuche zumindest mit einer Quote von 70% dofollow und 30% nofollow, dir ein gewisses Portfolio an Backlinks zu generieren. Es kommt immer auf deine Nische an. Die eine Nische braucht mehr Links, weil die Konkurrenz stark ist und die andere Nische nur wenige Backlinks, weil du wirklich ins schwarze getroffen hast.

10.4. Prüfe deine Affiliate Links

Ok gut, du hast eine Webseite erstellt und diverse Affiliate Links (Werbelinks) zu deinem Partner erstellt. Zum Beispiel für das Amazon Partnerprogramm. Bei diesem Shop ändert sich das Angebot fast schon täglich. Es gibt nichts Schlimmeres, als wenn deine Besucher tatsächlich auf deine Links klicken und dann bei Amazon klicken und es kommt die Meldung „der Artikel ist derzeit nicht verfügbar“. Die Besucher verlassen fluchtartig den Shop und lassen sich nie wieder blicken.

Also prüfst du regelmäßig deine Affiliate Links.

Wenn du das nicht machst, gehen dir unter Umständen wichtige Einnahmen verloren. Dieser Faktor betrifft alle deine Quellen. Sei es deine Affiliate Projekte in Bezug auf das eBay Partnerprogramm, Amazon Partnerprogramm oder andere Partner. Schaue einfach in regelmäßigen Abständen nach, ob die Links noch korrekt sind und auf ein Produkt verweisen, dass tatsächlich noch verfügbar ist.

11. Weitere Einnahmequellen deiner Affiliate Webseite

Beim Affiliate Marketing geht es um das Bewerben von Produkten oder Dienstleistungen deiner Partner. Soweit so gut. Doch es gibt noch andere Einnahmequellen, die du praktisch parallel integrieren kannst. Der wohl wichtigste Aspekt, betrifft einmal wieder Google. Und zwar in Form von Google Adsense.

11.1. Google Adsense

Google Adsense blendet Werbemittel auf deiner Webseite ein und du verdienst pro Klick auf diese Anzeigen auf deiner Webseite.

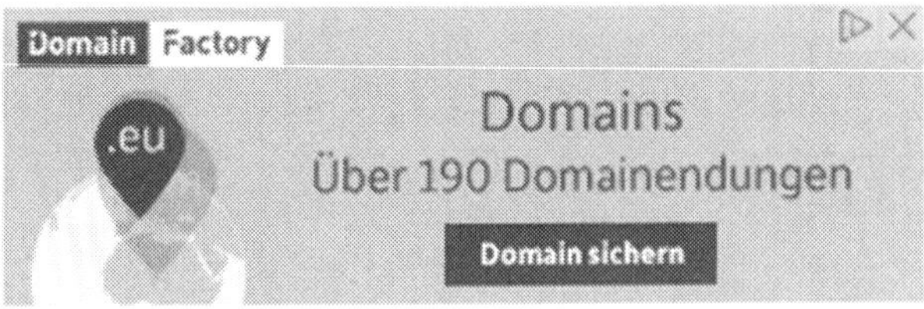

Quelle: Google Adsense Werbeanzeige

Hast du schon einmal solch eine Werbung gesehen auf einer Webseite? Dann macht der Betreiber Werbung und kassiert pro Klick auf diese Anzeigen bares Geld. Wenn du schon Besucher auf deiner Webseite hast, macht es durchaus Sinn diese noch weiter zu monetarisieren. Wieso auch nicht?

Google Adsense Anzeigen erkennt man klassisch an dem Dreieck und dem X-Button oben rechts in der Anzeige. Stöbere doch einfach einmal im Internet und es wird garantiert nicht lange dauern, bis du auf solch eine Werbemaßnahme triffst. Doch wie viel verdienst du mit Google Adsense?

Quelle: secockpit Auszug unter dem Begriff „Bügeleisen“

Du rufst einfach einen kostenlosen oder kostenpflichtigen Dienst im Bereich Keyword Recherche auf. Hier findest du in aller Regel auch die Klickpreise für Suchbegriffe und die Werbung für Google Adsense. Das Keyword „Bügeleisen“ ist demnach recht billig, weil du nur etwa geschätzt die Hälfte der Klickpreise verdienst.

- Geschätzter Google Adsense Klickpreis für Werbetreibende/2 = dein Verdienst pro Klick
- Bei geschätzten Klickpreisen von 0,90 Euro, verdienst du etwa 45 Cent pro Klick

Du kannst natürlich auch Webseiten rein auf Google Adsense optimieren, indem du die lukrativsten Klickpreise ermittelst.

Quelle: seocockpit unter dem Begriff „binäre Optionen“

Hier sieht die Sache schon besser aus. Ein Verdienst (die Hälfte vom Klickpreis) von etwa 10 Euro pro Klick unter dem Begriff „Optionen handeln“ (immerhin 1000

Suchanfragen), könnte sich lohnen. Stell dir einfach vor, dass 20 Leute auf den Google Adsense Banner klicken. Dann verdienst du 200 Euro rein mit Google Adsense.

Klingt im ersten Moment nicht schlecht, ist aber leider nicht ganz so einfach.

1. Die besten und lukrativsten Adsense Keywörter sind wie immer hart umkämpft.
2. Es muss genügend Budget beim Werbetreibenden vorhanden sein.
3. Du brauchst genügend Besucher, damit sich Google Adsense auch lohnt.
4. Im Schnitt klicken nur etwa 1 Prozent der Besucher auf eine Anzeige.

Nun bekommst du nochmal einen Einblick, worum es sich überhaupt handelt.

Google Adsense ist eine zweiseitige Mischung. Du kannst im Internet Werbung schalten und gleichzeitig können Webseitenbetreiber die Werbung einblenden lassen.

- Der Werbetreibende zahlt Geld pro Klick auf die Anzeigen.
- Der Werbepartner bzw. Webseitenbetreiber, erhält Geld pro Klick.
- Google verdient ebenfalls daran.

Angenommen der Werbetreibende zahlt 1 Euro pro Klick auf seine Anzeigen. Dann bekommst du etwa die Hälfte und den Rest streicht sich Google ein. Trotzdem ist die Angelegenheit eine WIN-WIN Situation.

- Der Werbetreibende bekommt über die Anzeigen wesentlich mehr Besucher auf seine Webseite.
- Der Webseitenbetreiber, der die Anzeigen integriert, kassiert Geld pro Klick auf die Anzeigen.
- Zuletzt verdient der Vermittler, in diesem Fall Google, ebenfalls kräftig mit.

Es kann durchaus Sinn machen, Google Adsense zum weiteren Verdienst zu nutzen. Allerdings sollten die Anzeigen das tatsächliche Business nicht überdecken oder deine Besucher gar ablenken. Was bringt dir ein Klick für 50 Cent Verdienst, wenn dir damit vielleicht ein Besucher mit realer Kaufabsicht verloren gegangen ist? Du musst Google Adsense differenziert betrachten.

11.2. Eigene digitale Produkte

Du bist ein Fachmann in einem ganz speziellen Bereich? Zum Beispiel Finanzen oder Ernährung? Dann schreibe dein Wissen in ein eBook und biete es zum kostenpflichtigen Download auf deiner eigenen Webseite an. Orientiere dich doch einfach an den Produkten auf digistore24.de und lass dein eBook einfach bewerben.

Viele Menschen im Internet sind auf der Suche nach wertvollen Informationen. Diesen Wissensdurst zu befriedigen, kann deine Chance sein. Viele Leute sind bereit, 10 Euro für einen guten Ratgeber auszugeben. Auch hier musst du eine Nische suchen. Also einen Suchbegriff, der wenig Konkurrenz hat und wo du tatsächlich Verkaufserfolge erzielen wirst.

Es gibt übrigens viele Möglichkeiten, wie du deine eBooks vermarkten bzw. einer breiten Öffentlichkeit präsentieren kannst. Hier sind die wichtigsten Portale:

- https://www.epubli.de/buch/ebook-veroeffentlichen
- https://kdp.amazon.com/de_DE/
- https://www.feiyr.com/ebook_veroeffentlichen_und_verkaufen
- http://mytolino.de/self-publishing-mit-tolino/

Diese Ratgeber in Form von eBooks bringen im ersten Moment zwar nur wenige Einnahmen, aber wenn du einen gewissen Bekanntheitsgrad erreicht hast, wandern hunderte Exemplare über den virtuellen Ladentisch. Lass dir also diese Möglichkeit nicht entgehen und werde mit deinem spezifischen Fachwissen zum Bestseller Autor.

Hierbei sind die Möglichkeiten enorm. Vom Ratgeber über Eheprobleme bis hin zum Ratgeber über die Reparatur von Fahrzeugen, stehen alle Möglichkeiten offen.

Amazon ist mit seinem Kindle Projekt übrigens recht erfolgreich. Hier kannst du ebenfalls einsteigen und einen kostenlosen Account einrichten. Ebooks sind bei dem Marktriesen erfolgreiche Kassenschlager und du solltest unbedingt auf den fahrenden Zug aufspringen. Wie du ein eBook erfolgreich schreibst, formatierst und veröffentlichst, erfährst du beispielsweise auf folgenden Seiten:

- http://www.ebookboss.de/ein-buch-als-ebook-veroeffentlichen-die-zehn-haeufigsten-fragen/
- https://www.gruender.de/ebooks-verkaufen/
- http://www.selfpublisherbibel.de/autoren-tipp-die-7-besten-wege-wie-sie-das-eigene-ebook-vermarkten-koennen/
- http://www.nischenpresse.de/eigenes-ebook-verkaufen/
- http://www.ebokks.de/ebook-auf-kdp/

Diese Form der digitalen Veröffentlichung von eBooks gibt es noch nicht allzu lange im deutschen Markt. Früher eher belächelt, avancieren eBooks mittlerweile zum Kassenschlager in den Amazon Bestseller Listen.

Demnach macht es also durchaus Sinn, sein eigenes Wissen aufzuschreiben und gegen bare Münze zu verkaufen.

11.3. Gastartikel veröffentlichen

Sobald deine Webseite steht und die ersten Rankings aufweist, kannst du bezahlte Gastartikel anderer Autoren veröffentlichen. Im Prinzip geht einfach darum, dass dir jemand einen Text schreibt der Backlinks versehen ist. Wenn du nun diesen Gastartikel veröffentlichst, generiert der Texter einen Link zu seiner Webseite. Das ist typischer Aufbau von Backlinks.

Du als Webseitenbetreiber profitierst davon, dass du deine Präsenz mit einem weiteren wertvollen Inhalt füllen kannst. Zudem kassierst du in der Regel noch ein wenig Geld dafür. Achte aber darauf, dass der Artikel bzw. Link nicht in direkter Konkurrenz zu dir steht. Zudem sollte der Gastartikel thematisch relevant sein. Wenn du eine Affiliate Marketing Seite zum Thema Staubsauger hast, macht es wenig Sinn einen bezahlten Artikel zum Thema Hundefutter zu veröffentlichen.

Bei diesem Beispiel empfehlen sich Artikel aus der Küchengeräte, Technik und Haushaltsbranche. Allerdings wirst du nur bezahlte Gastartikel finden, wenn deine eigene Webseite schon einen gewissen Ruf bei Google hat. Neue Seiten ohne Rankings, eignen sich eher nicht. In jedem Fall kann sich das Einbinden von bezahlten Gastartikel durchaus für dich lohnen. Schließlich solltest du alle möglichen Varianten der Monetarisierung effektiv nutzen. Auch beim Affiliate Marketing.

11.4. Backlinks vermieten

Du bist nicht der einzige der Backlinks benötigt. Wenn du zufrieden bist und genügend Besucher hast, kannst du aus deiner erfolgreichen Webseite Kapital schlagen. Indem du Backlinks anderer Webseitenbetreiber einpflegst und dadurch auf andere Seiten verlinkst. Entweder:

- wirbst du auf diversen SEO Börsen für bezahlte Backlinks

oder

- meldest dich bei einer der bekannten Plattformen an

Bekannte Namen sind zum Beispiel:

- https://www.teliad.de/
- http://www.backlinkseller.de/
- https://blogmission.com/

Das sind wie immer nur einige Beispiele, wo Käufer und Verkäufer von Backlinks zusammen kommen. Melde dich einfach kostenlos an, lass deine Webseite prüfen und vermiete Backlinks an interessierte Käufer. Zum Teil sind die Qualitätsrichtlinien recht hoch angesetzt. Es kann also durchaus passieren, dass deine eigene Webseite abgelehnt wird.

- Zu schlechte Rankings
- Baustellen Seiten
- schlechte Inhalte

Wenn du aber der Meinung bist, dass deine Präsenz erfolgreich ist, viele Besucher hat und auch bei Google gut positioniert ist, kannst du dir diese Einnahmequelle früher oder später ernsthaft überlegen.

12. Amazon Partnerprogramm

Das Amazon Partnerprogramm ist derart beliebt im Affiliate Marketing, dass es Sinn macht dieses Thema zu vertiefen. Warum eignet sich dieses Partnerprogramm so gut für Einsteiger?

- Enorm bekannt und ausgezeichneter Ruf des Shops.
- Millionen Artikel und alle Kategorien.
- Diverse Angebote wie Prime, Audible und Kindle.
- Ab 29 Euro Einkaufskorb kostenloser Versand.
- Zahlreiche Werbemittel für Affiliates.
- Eigenes Plugin für WordPress um Produkte in die Seite einzubauen.
- Schnelle und kinderleichte Anmeldung.
- Zum Teil attraktive Provisionen.

Du solltest dieses Partnerprogramm unbedingt ausprobieren, wenn du physische Produkte wie Staubsauger bewerben willst und dafür Geld verdienen möchtest. Melde dich an unter:

- https://partnernet.amazon.de/

Nach der Registrierung, die völlig kostenlos ist und nur wenige Minuten deiner Zeit in Anspruch nimmt, kannst du direkt loslegen und die ersten Werbemittel einbinden. Es erfolgt zwar noch eine manuelle Prüfung deiner Seite, aber wenn du nicht gegen die Richtlinien verstößt (Diskriminierung, Gewaltverherrlichung etc.), solltest du keinerlei Probleme bekommen. Wichtig im Vorfeld:

Wie viel kannst du mit dem Amazon Partnernet überhaupt verdienen?

Produktkategorie	Feste Werbekostenerstattungssätze
Fernseher und Heimkino , Smartphones und Handys, Tablet-PCs ohne Vertragsbindung, PS4-Konsolen	1,0%
Computer, Elektronik, Kamera, Elektro- Großgeräte, Geschenkgutscheine, Kindle und Fire Zubehör, Kindle (alle Geräte), Unterwäsche, Nachtwäsche, Socken & Strümpfe, Loungewear	3,0%
Software, Musik, DVDs & Blu-ray, Videospiele, Baumarkt, Spielzeug, Küche, Sport & Freizeit, Bier, Wein & Spirituosen, Gewerbe, Industrie & Wissenschaft, Handmade	5,0%
Bücher*, Kindle eBooks*, Auto & Motorrad, Haushalt, Musikinstrumente, Büroartikel, Babyartikel, Kosmetik, Lebensmittel, Geräte für Gesundheit und Körperpflege, Drogerie, Haustierprodukte, Garten, Pantry	7,0%
Videospiele-Downloads, Software-Downloads, Möbel Alle weitere Kleidung,Schuhe, Schmuck, Uhren, Gepäck, Amazon Fashion Women, Men & Kids Private Label	10,0%
Alle übrigen Produkte	3,0%

Quelle: https://partnernet.amazon.de/help/operating/schedule

Wie du siehst, lohnt sich nicht immer das Bewerben von Produkten. Angenommen du hast eine Nische im Bereich Fernseher entdeckt und bastelst dir eifrig eine Affiliate Webseite zum Thema 4K-Fernseher. Du rankst sogar gut bei Google und deine Besucherzahlen steigen an. Doch du musst dir über einige Aspekte im Vorfeld im Klaren sein:

- Hochpreisige Artikel werden weniger gekauft als billige Produkte.
- Für einen Fernseher bekommst du gerade einmal 1 Prozent Provision.

Das heißt im Klartext, dass ein 700 Euro Fernseher lediglich 7 Euro Provision abwirft. Dein Umsatz von 700 Euro, erwirtschaftet nur 7 Euro.

Nehmen wir uns wieder das Beispiel Staubsauger vor, wenn du auf „bester Staubsauger“ optimierst.

- Staubsauger sind recht günstige Produkte und werden eher gekauft.
- Für einen Staubsauger bekommst du 5 Prozent Provision.

Das heißt im Umkehrschluss, dass ein 100 Euro Staubsauger 5 Euro Provision abwirft. Bei 700 Euro Umsatz, kassierst du immerhin 35 Euro.

Auch das gehört zur richtigen Recherche nach dem optimalen Keyword. Es geht nicht nur um das Suchvolumen und die Konkurrenz, sondern auch um Nachfrage, Angebot und potentiellen Verdienst.

Das Einfügen von Links ist denkbar einfach. Besuche einfach den Artikel auf Amazon, den du vorhast zu bewerben. Wenn du bereits im Amazon Partnernet angemeldet bist, erscheint oben rechts folgende Info:

Quelle: Amazon Partnerprogramm

Damit kannst du ganz einfach Affiliate Links erzeugen, die exakt auf deinen Partner Account weisen.

Neben den regulären einfachen Text- und Bildlinks, stehen dir aber noch andere interessante Werbemittel zur freien Verfügung. Deine Affiliate ID, wird übrigens völlig automatisch mit den Links verknüpft.

- Produktkarusell
- Widget für die Sidebar
- Flash Inhalte

Ebenfalls beliebt und sehr sinnvoll: das eigene Plugin für das CMS WordPress.

- https://amazon-affiliate.eu/de/was-ist-amazon-partnerprogramm/amazon-associates-link-builder/

Wenn du wenig Ahnung vom Design einer Webseite hast und dir nicht sicher bist wie du Bilder, Preise und Links einfügen sollst, macht dieses Plugin Sinn und erleichtert dir maßgeblich die Arbeit. Grundsätzlich ist immer deine persönliche ID enthalten, so das lückenlos deine erzeugten Umsätze auch deinem Partner Account zugeordnet werden können.

Wo macht das Partnerprogramm von Amazon Sinn?

- Affiliate Marketing Einsteiger
- nicht allen aber vielen Produkten (siehe Tabelle der Provisionen)
- wer schnell und ohne Kenntnisse Werbelinks einbinden will
- wer von der Beliebtheit des Shops profitieren will

Die Staffelung der „Werbekostenerstattung“ (Provision) ändert sich regelmäßig. Informiere dich immer wieder, wie die aktuellen Prozentzahlen gegliedert sind. Amazon passt sein Partnerprogramm in regelmäßigen Abständen immer wieder an. Lukrativ sind zum Beispiel Schuhe, Kleidung, Taschen und Uhren, weil du hier satte 10 Prozent Werbekostenerstattung erhältst.

Weniger interessant sind aber Fernseher, Smartphones und die Unterhaltungselektronik. Du musst deine Besucher schon ein wenig „überreden", solche hochpreisigen Artikel auf Amazon zu kaufen. Im Gegenzug für diesen Aufwand, wirst du allerdings lediglich mit 1 Prozent Werbekostenerstattung belohnt.

Alle anderen Produkte kannst du bedenkenlos bewerben. Zum Beispiel Computer mit 3 Prozent (völlig in Ordnung) oder Haushaltsgeräte mit 5-7 Prozent. Unterhaltungselektronik oder Smartphones, solltest du eher in einem anderen Partnerprogramm bewerben. Zum Beispiel eBay oder Conrad. Richte dich im Vorfeld bei der Recherche nach einem Keyword, immer nach potentiellen Partnern, wie hoch die Provision ausfällt. Das Thema Monetarisierung, wurde aber bereits in den ersten Kapiteln dieses Ratgebers behandelt.

13. Digistore24

Bei dieser Plattform, dessen Werbepartner du werden kannst, handelt es sich um einen sehr lukrativen Marktplatz für digitale Infoprodukte, Seminare und Dienstleistungen. Was sind digitale Infoprodukte? Ratgeber in virtueller Form, zum Beispiel eBooks.

- Digitale Infoprodukte befriedigen den Wissensdurst der Menschen.
- Digitale Infoprodukte bündeln jede Menge Informationen.
- Digitale Infoprodukte können einfach heruntergeladen werden.
- Digitale Infoprodukte ersetzen den Buch im herkömmlichen Sinne.
- Digitale Infoprodukte bereichern den Markt und sind innovativ.

Gehen wir einmal näher auf die Kategorien ein, die du bei Digistore24 bewerben kannst.

- Beruf, Job
- Bildung
- Business und Investment
- Computer und Internet
- Dating, Liebe und Beziehung
- Dienstleistungen
- E-Mail-Marketing
- Essen und Trinken
- Familie und Kinder

- Fitness, Gesundheit und Medizin
- Fotografie und Film
- Grüne Produkte und Umweltschutz
- Haus und Garten
- Hobby und Handwerk
- Hotels und Gastronomie
- Internetmarketing
- Persönlichkeitsentwicklung
- Politik und Wirtschaft
- Recht und Gesetz
- Reisen und Kultur
- Social Media
- Software
- Spiritualität und Esoterik
- Sport
- Sprachen
- Tanz und Musik
- Tiere und Haustiere
- Trading und Handel
- Wettsysteme

Es gibt also kaum eine Kategorie, die du nicht bewerben kannst. Im Gegensatz zum Amazon Partnerprogramm, bewirbst du hier keine physischen Produkte sondern ausschließlich virtuelle Güter wie digitale Infoprodukte.

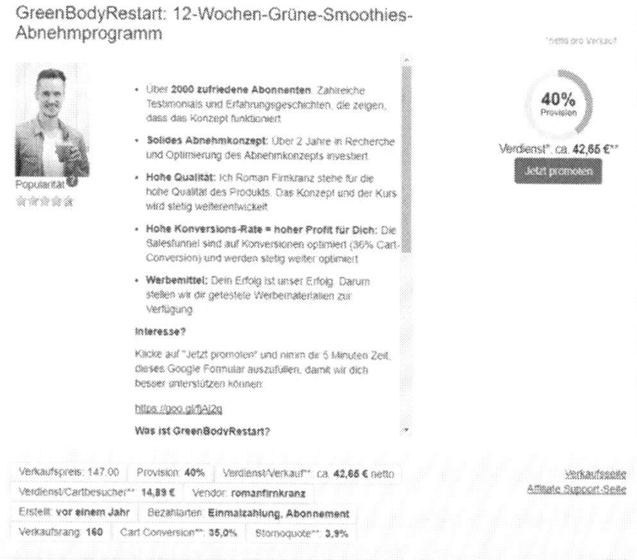

Quelle: Digistore24 Partnerprogramm

Interessant oder? Das war nur ein Beispiel von tausenden digitalen Infoprodukten. Du kannst mit den Bedürfnissen der Menschen nach Ratgebern, Informationen und Wissen Geld verdienen. Auch das ist ein sehr gutes Beispiel für Affiliate Marketing. Hierbei sind die Verdienstmöglichkeiten beträchtlich höher, als beim Bewerben von physischen Produkten.

- Zum Teil bis zu 60 Prozent Provision auf digitale Infoprodukte.

Viele Menschen sind durchaus bereit, 100 Euro für einen ultimativen Ratgeber und eine Schritt für Schritt Anleitung zum Beispiel im Bereich „Abnehmen und Diät" auszugeben. Hier verdienst du dann nicht nur lächerliche 5 Prozent wie in anderen Partnerprogrammen, sondern 20, 30,40 oder gar 50 Prozent auf den Verkauf!

Wie funktioniert die Anmeldung?

Besuche die Seite https://www.digistore24-app.com/ und registriere dich vollkommen kostenlos und unverbindlich. Interessant ist die Tatsache, dass du gleichzeitig als Affiliate oder Vendor tätig werden kannst.

- Vendor = Du hast dein eigenes digitales Infoprodukt und willst es bewerben lassen.
- Affiliate = Du bewirbst die digitalen Infoprodukte und verdienst Provision.

Im Bereich „Marktplatz" hast du Einsicht in die tausenden Produkte, die du im Rahmen des Affiliate Marketing bewerben wirst. Digistore24 ist demnach die Plattform und Bindeglied zwischen Werbetreibenden und dem Affiliate.

Nachdem du dir ein tolles Produkt ausgesucht hast, welches du vermarkten willst, klickst du nur auf : „Jetzt promoten". Weitere Infos zum Produkt erhältst du in den Affiliate Support Seiten. Hier bekommst du Zugriff auf die Werbelinks, Banner und dergleichen. Hierbei stehen dir je nach Produkt und Anbieter unterschiedliche Mittel zu Verfügung. Achte unbedingt darauf, dass deine Digistore24 ID immer im Werbemittel eingebunden ist.

Was auch wirklich beeindruckend ist, dass du selbst Affiliates und Vendoren werben kannst.

- Bewerbe einen potentiellen Vendor (Verkäufer) am Marktplatz teilzunehmen und verdiene pro Verkauf passiv mit.
- Bewerbe einen potentiellen Affiliate (wie du selbst) und verdiene an dessen Provisionen mit.

Du kannst also nicht nur klassisch am Partnerprogramm teilnehmen und die Produkte via Affiliate Marketing bewerben. Sondern sogar Vendoren und Affiliates werben und doppelt und dreifach verdienen. Es lohnt sich für dich in jedem Fall, das Angebot als Partner von Digistore24 genauer unter die Lupe zu nehmen. Im Bereich digitale Infoprodukte, findest du sicher passende Keywords bei deiner Recherche.

14. eBay Partnerprogramm

Unter https://partnernetwork.ebay.de/ kannst du am eBay Partnerprogramm teilnehmen. Warum macht das Sinn?

- Mehr als 20 Jahre auf dem Markt.
- Sehr bekannter und etablierter Shop.
- Zehntausende Menschen haben bereits einen eBay Account.
- PayPal Zahlung möglich.
- Millionen Produkte jeglicher Kategorien.
- Attraktives Vergütungsmodell für Affiliate Partner.

Was kannst du mit dem eBay Partnerprogramm überhaupt verdienen? Anders als beim Amazon Partnerprogramm, bekommst du ein Stück vom Kuchen der Provision für Verkäufer, die eBay verdient. Das sieht dann wie folgt aus:

- 75 Prozent auf Auto & Motorrad: Teile
- 80 Prozent auf Fashion
- 75 Prozent auf Lifestyle
- 40 Prozent auf Sammeln und Antiquitäten
- 55 Prozent auf Elektronik
- 50 Prozent auf Business und Industrie
- 40 Prozent auf Medien
- 50 Prozent auf Auto und Motorrad: Fahrzeuge
- 50 Prozent auf den Rest der Artikel

Nicht das du jetzt denkst, du bekommst 50 Prozent

Provision auf einen Artikel. Nein, du wirst prozentual an den eBay Verkaufsgebühren beteiligt, wenn ein Kunde über deinen Affiliate Link bei eBay einkauft. Meistens werden es vermutlich Händler sein, wo die Ware über den virtuellen Ladentisch geht. Händler und eBay Shops müssen ca. 8 Prozent Verkaufsgebühr abtreten.

Bei einem Staubsauger bekommst du demnach vermutlich 50 Prozent der Verkäufergebühren. Bei 100 Euro Umsatz wären das ca. 4 Euro. Im Gegensatz zu Amazon, rentiert sich hier das Bewerben von Fernsehern, Unterhaltungselektronik und Smartphones. Statt lediglich 1 Prozent Provision, bekommst du hier ungefähr 3-4 Prozent. Es ist schon ein Unterschied, ob du für einen Fernseher der 700 Euro kostet, bei Amazon nur 7 Euro verdienst oder bei eBay 30 Euro.

Dafür solltest du im Bereich Mode und Fashion, wenn du dafür eine Affiliate Marketing Webseite hast, eher das Amazon Partnerprogramm nutzen. Hier verdienst du in dieser Kategorie wesentlich mehr Provision.

Es ist für dich als Affiliate Marketer unheimlich wichtig, das richtige Partnerprogramm zu wählen.

Beim eBay Partnerprogramm stehen dir ebenfalls jede Menge Werbemittel zur Verfügung. Von normalen Links per Text, bis hin zum Produktkarussell und allerlei Banner. Grundsätzlich macht es aber Sinn, wenn du beide Programme gleichzeitig nutzt.

Binde in deiner Affiliate Marketing Webseite doch einfach beide Shops ein und lasse deinen Besuchern die freie Entscheidung. Manche mögen lieber bei Amazon einkaufen und andere bestehen auf eBay. Also kombiniere einfach beide Programme und lass dir keine potentiellen Käufer entgehen.

15. rechtliche Angelegenheiten

Wenn du Affiliate Marketing betreibst, kommst du um die Einhaltung gewisser rechtlicher Aspekte nicht herum. Hier ist eine Auflistung der wichtigsten Eckpfeiler, die du unbedingt beachten musst.

15.1. Impressum

Sobald du eine Webseite erstellst, besonders wenn eine Gewinnabsicht dahinter steckt, musst du ein rechtskonformes Impressum erstellen und im Menü, Footer oder in der Sidebar gut sichtbar positionieren. Im Impressum finden sich wichtige Informationen wie dein Name, Anschrift, Kontaktmöglichkeiten und viele andere Aspekte. Am besten du nutzt einen der kostenlosen Generatoren für dein Impressum:

- https://www.e-recht24.de/impressum-generator.html
- http://www.impressum-generator.de/
- http://www.impressum-recht.de/impressum-generator/
- https://www.anwalt.de/vorlage/impressum-generator.php
- https://www.deutsche-anwaltshotline.de/recht-auf-ihrer-website/impressum-generator

Du erstellst im Backend von WordPress einfach eine neue Seite mit dem Titel „Impressum“, nutzt einen dieser kostenlosen Formulare und Generatoren und fügst den Code oder Text in die Seite ein. Nun musst du nur noch das Impressum sichtbar in deine Webseite integrieren. Es genügt der Footer oder die Sidebar. Natürlich kannst du auch das Hauptmenü nutzen.

Die Hauptsache ist, dass ein Impressum in deiner Seite vorhanden ist.

15.2. Datenschutzerklärung

Ebenfalls rechtlich bindend und absolute Pflicht, ist eine Datenschutzerklärung. Hier findest du einige kostenlose Links, damit du auch eine Datenschutzerklärung erstellen kannst.

- https://datenschutz-generator.de/
- https://www.ratgeberrecht.eu/leistungen/muster-datenschutzerklaerung.html
- https://xn--datenschutzerklrunggenerator-knc.de/
- https://www.activemind.de/datenschutz/datenschutzhinweis-generator/
- https://www.anwalt.de/vorlage/muster-datenschutzerklaerung.php

Hierbei gehst du genauso vor wie im Impressum. Starte eine neue Seite mit dem Namen „Datenschutz" und füge den Inhalt der kostenlosen Muster und Generatoren ein. Danach verlinkst du die Datenschutzerklärung sichtbar auf deiner Webseite.

Eine Datenschutzerklärung gehört zur Pflicht eines Webseitenbetreibers.

15.3. Bilder und die Urheberrechte

Dieses Thema ist absolut heikel und nicht zu vernachlässigen. Was du **nicht** darfst ist folgendes:

- Bilder von anderen Webseiten kopieren und bei dir einfügen
- Die Bilder der Google Suche einfach für deine Zwecke nutzen.

Jedes Bild unterliegt einem geschützten Urheberrecht. Es gibt allerdings trotzdem Möglichkeiten, rechtskonform und sicher an Bilder zu gelangen.

Kostenlose Möglichkeiten sind zum Beispiel das Amazon Partnerprogramm und

- https://pixabay.com/de/

Pixabay liefert jede Menge Bilder, die kostenlos sind und auch frei für kommerzielle Zwecke genutzt werden dürfen. In der Seite steht geschrieben, dass kein Bildnachweis notwendig ist. Allerdings solltest aus Rücksicht auf den Bildersteller und um dich wirklich abzusichern, einen Nachweis erstellen. In der Regel genügt ein Zusatz im Impressum :

- Bildnachweise: Autor xxx von Pixabay.com

Allerdings bist du auf der äußerst sicheren Seite, wenn du direkt im Bild den Nachweis einfügst. Das sieht dann wie folgt aus:

©congerdesign von pixabay.com

Damit bist du auf der sicheren Seite und riskierst nichts. Wenn du Bilder einfach aus dem Internet kopierst und auf deiner Webseite verwendest, verstößt du gegen das Urheberrecht und riskierst eine kostspielige Abmahnung.

Im Rahmen des Amazon Partnerprogramms, kannst du auch die Produktbilder von Amazon kostenlos und sicher nutzen. Hier ist ein Zitat aus dem Amazon Partnernet:

Welche Inhalte darf ich von der Amazon.de Website übernehmen?

Der Partner darf ausschließlich folgende Inhalte von der Amazon.de Site oder dem PartnerNet kopieren und sie auf seiner Site ausschließlich zur Förderung seiner Links auf Amazon.de verwenden:

- Titelabbildungen ("Coverscans") - maximal 180 Stück
- "Amazon.de" und/oder "Amazon.com" Rezensionen - sie müssen auf der Website des Partners stets als solches mit folgender Copyright-Kennung gekennzeichnet werden: © 1998-2001 Amazon.com, Inc. und Tochtergesellschaften
- "Kurzbeschreibungen"
- Datenbankangaben (z.B. ISBN, Titel, Autor, Künstler, usw.)

Das Kopieren der angebotenen Hörproben (Soundsamples) aus unserem Musikangebot ist verboten. Artikel aus anderen Quellen wie Kritikern, Autoren, Künstlern, Verlegern oder Amazon Leserrezensionen sind ebenfalls urheberrechtlich geschützt. Die Veröffentlichung auf unserer Site erfolgt mit der ausdrücklichen Genehmigung des Verfassers. Nicht erlaubt ist damit die Weitergabe an die Teilnehmer an unserem Partnerprogramm.

Quelle:
https://partnernet.amazon.de/help/topic/t15/a10

Du darfst also tatsächlich die Produktbilder von Amazon

herunterladen und deine Affiliate Links damit untermauern. Bilder sind immer gut und hier darfst du bis zu 100 Bilder auf einer Webseite einfügen.

Natürlich gibt es auch kostenpflichtige Angebote, wo du gegen eine Gebühr Bilder rechtssicher nutzen darfst. Hier sind einige Anbieter:

- https://de.fotolia.com/
- https://www.shutterstock.com/de/
- https://www.istockphoto.com/de
- https://www.pixelio.de/
- https://de.123rf.com/

Für recht angenehm günstige Preise, hast du die Wahl aus Millionen Bildern für deine Webseite. Aber auch diese musst du kennzeichnen. Dies erledigst du am besten direkt im Bild (siehe oben).

Bilder sind für deine Webseite von Bedeutung und du wirst im Laufe der Zeit kaum herumkommen, ein wenig Geld dafür auszugeben. Nochmal zur Betonung in deinem eigenen Interesse:

Lade nicht irgendwelche Bilder aus dem Internet herunter und füge sie in deine Webseite ein!

15.4. Werbung kennzeichnen

Du musst deinen Besuchern unmissverständlich aufzeigen, dass deine Links zu deinen Partnern Werbelinks (Affiliate Links) sind. Das ist aber recht einfach und geht leicht über die Bühne.

Was siehst du hier? Einen schönen Button zum Klicken und der Besucher wird zu Amazon weitergeleitet. Kauft der Besucher nun einen Artikel, verdienst du mit. Soweit so gut. Fällt dir der kleine Stern rechts auf * ? Das ist eine typische Kennzeichnung, das es sich um Werbung handelt. Laut aktuellen Gesetzen reicht diese Methode derzeit völlig aus. Was musst du noch unternehmen?

Schreibe in den Footer per Code oder Widget einfach folgenden Begriff rein :

- * = Werbelink zum Partner

Am besten du erstellst noch eine neue Seite mit dem Namen „Werbelink“, verlinkst sie und erklärst darin kurz in einigen Sätzen dem interessierten Besucher, was dahinter steckt. Zum Beispiel auf diese Art und Weise:

„Auf www.domain.endung findest Du in zahlreichen Artikeln Werbung in Form von Affiliate Links. Diese sind mit einem * gekennzeichnet. Nähere Informationen dazu findest Du unter diesen Adressen.

- Affiliate Marketing auf Wikipedia
- Kennzeichnungspflicht laut § 6 Abs. 1 Nr. 1 des Telemediengesetzes

Damit bist du ebenfalls auf der sicheren Seite und hast deine Affiliate Links ganz klar und eindeutig als Werbung gekennzeichnet.

Dasselbe gilt übrigens auch für die Nutzung von Google Adsense als weitere Verdienstmöglichkeit. Angenommen du blendest diese Werbung in der Sidebar ein. Dann achte darauf diese als Werbung zu kennzeichnen. Schreibe einfach „Werbung“ daneben und das genügt.

15.5. Gewerbe anmelden

Sobald du mit einer Affiliate Marketing Webseite eine Gewinnabsicht erzielst, musst du ein Gewerbe anmelden. Komme nicht in Versuchung, ohne Gewerbeschein diesem Business nachzugehen. Das geht vielleicht eine Weile gut, aber irgendwann kommt der Fiskus mit einem Paukenschlag. Das ist aber halb so schlimm und nicht so kompliziert, wie du sicher im ersten Anschein vermutest.

Du fährst gut, wenn du ein Gewerbe nach der Kleinunternehmerregelung anmeldest.

- Umsatz pro Jahr maximal 17500 Euro

Genauere Angaben und Informationen, findest zu zum Beispiel hier:

- http://www.existenzgruender.de/DE/Gruendung-vorbereiten/Gruendungswissen/Steuern/Kleinunternehmerregelung/inhalt.html
- https://de.wikipedia.org/wiki/Kleinunternehmerregelung_(Deutschland)
- http://www.kleinunternehmer.de/

Wichtig ist die Tatsache, dass du nebenberuflich Affiliate Marketing betreiben kannst. Selbst wenn du einen 40 Stunden Job hast, bleiben dir einige Stunden pro Woche Zeit, dem Business nachzugehen. Frage aber unbedingt deinen Chef, ob eine Nebentätigkeit erlaubt ist. Manche Gemeinden, wo du das Gewerbe anmeldest, wollen sogar eine schriftliche Erlaubnis des Arbeitgebers.

Grundsätzlich sollte der Arbeitgeber aber nichts dagegen haben, wenn du nicht gerade unmittelbar konkurrierst.

Wenn du Angestellter einer Bank bist und versuchst via Affiliate Marketing andere Girokonten und Depots zu bewerben, gibt das mit Sicherheit Ärger. Nur als kleines Beispiel.

Zusammenfassend ist es in jedem Fall deine Pflicht, deine Gewinnabsicht durch das Affiliate Marketing dem Finanzamt mitzuteilen, indem du einen Gewerbeschein beantragst. Viele Partnerprogramme, wie Digistore24, zahlen erst das erwirtschaftete Guthaben aus, wenn du deine Steuernummer eingetragen hast.

Wenn du weniger erfolgreich bist, zahlst du kaum Einkommenssteuer. Wenn deine Webseiten gut funktionieren und Profit abwerfen, zahlst du eben mehr Steuer. Du musst die Sache auch positiv sehen. Vielleicht eignest du dir im Affiliate Marketing derart viel Wissen und Kompetenzen an, dass du später sogar für Kunden Aufträge bearbeiten kannst. Mit einem Gewerbeschein bist du in der Lage, deine Selbstständigkeit weiter auszubauen und Rechnungen zu erstellen.

16. Fragen und Antworten

Ich habe einfach keine Ideen für ein Keyword, was kann ich machen?

Was benutzt du täglich? Welche Haushaltsgeräte? Wenn du unterwegs bist, notierst du dir spontane Einfälle auf einen Zettel. Versuche deine persönlichen Bedürfnisse herauszufinden. Besuche die Bestseller Listen auf Amazon und schaue nach, welche Produkte oft gekauft werden. Hast du vielleicht ein Haustier? Suche auch hier nach Suchbegriffen.

Ich habe ein gutes Keyword, aber das hat nur ein monatliches Suchvolumen von 800.

Auch dieses monatliche Suchvolumen lohnt sich. Zudem rankst du auch mit ähnlichen Begriffen und Longtail Keywords. Lieber ein Keyword mit einem geringeren Suchvolumen und kaum Konkurrenz, als ein hohes Suchvolumen und starke Konkurrenz. Pack es an und lege los!

Wie lange dauert es, bis meine Webseite endlich bei Google gute Rankings erzielt?

Rechne mit 3 Monaten. Erfahrungsgemäß kann es aber auch ein halbes Jahr dauern, bis sich das Schwanken in den Rankings stabilisiert und du endlich angekommen bist. Erwarte keine Erfolge innerhalb 2 Wochen. Die ersten Einnahmen kommen aber schon eher.

Ich habe viele Besucher aber die klicken meine Links nicht.

Dann ist deine „Conversationsrate“ im Keller. Woran liegt das? Optimiere deine Links und Buttons. Viele Besucher lesen sich die Seite nicht komplett durch. Platziere deine Links weiter oben. Probiere auch verschiedene Farben bei den Buttons aus. Dezente gelbliche oder orangefarbene Töne, kommen statistisch gut an. Unterlasse zu grelle Farben, die eher abschrecken.

Ich habe eine tolle Webseite aber kaum Besucher, auch nach Monaten. Woran liegt das?

Hast du wirklich eine ausgiebige Recherche nach dem passenden Keyword betrieben? Ist die Konkurrenz vielleicht zu stark? Baue weiter Backlinks auf und füge regelmäßig Inhalte dazu. Es kann durchaus passieren und passiert auch den erfahrensten Affiliate Marktern regelmäßig, dass die Seite kaum etwas abwirft. Liegen Einnahmen vor, wenn auch in geringem Maße? Kannst du damit zumindest die Kosten der Webseite revidieren? Dann behalte die Seite und warte weiter ab. Wenn du auch nach vielen Monaten keinen Umsatz erwirtschaftest, dann stoße die Seite ab. Versuche sie zu verkaufen oder verkaufe zumindest die Texte bei http://www.contentworld.com/.

Ist WordPress kostenlos oder kostet dieses System eine Gebühr?

Keine Sorge, das CMS WordPress ist vollkommen

kostenlos und wird erfreulicherweise ständig weiter entwickelt. Auch die Plugins sind kostenlos, beinhalten aber zum Teil interne Käufe. Grundsätzlich ist die Kombination aus WordPress und Plugins aber vollkommen umsonst.

Bin ich wirklich geeignet, Affiliate Marketing zu betreiben?

Eine gewisse Affinität zum Thema Computer, Internet und Google muss ganz klar vorhanden sein. Zudem solltest du bereits eigene Texte verfassen können. Ansonsten zahlst du von deinem knappen Budget die Texterstellung. Du musst dir bewusst sein, dass du einen relativ harten Weg vor dir hast, der sich aber doppelt und dreifach auszahlt. Außerdem kommen die ersten Erfolge nur mit dem Ranking bei Google. Wenn das alles für dich passt, bist du durchaus geeignet.

Kann man dauerhaft in Vollzeit vom Affiliate Marketing leben?

Zu Beginn empfiehlt sich der Start im Nebengewerbe, zum Beispiel über die Kleinunternehmerregelung. Nach und nach baust du immer mehr Webseiten auf. Du lernst stetig und ohne Druck dazu, wenn über ein regelmäßiges Einkommen im Job verfügst. Sobald du langsam die Kleinunternehmergrenze überschreitest und tatsächlich maßgebliche Erfolge und Umsätze zu verbuchen sind, kannst du tatsächlich in Vollzeit davon leben. Überlege dir diesen Schritt aber gut.

Wie viel verdient man überhaupt im Affiliate Marketing?

Das hängt von der Anzahl der Webseiten ab und vom Potential der Keywords. Auch eine Webseite mit 30 Euro Umsatz im Monat lohnt sich. Stell dir vor, dass du 20 Seiten dieser Art hast. Dann wird die Sache langsam finanziell interessant. Nicht die einzelne Seite macht den Umsatz, sondern der Verbund.

Soll ich mich auf ein einziges Partnerprogramm konzentrieren?

Nein niemals. Baue dein Business auf mehreren Standbeinen auf. Nutze bei physischen Produkten mehrere Partnerprogramme zugleich. Zum Beispiel kannst du deinen Besuchern die Links zu eBay und Amazon gleichzeitig anbieten. Darüber hinaus lässt du damit den Besuchern die eigene Entscheidung, wo sie lieber einkaufen würden. Weiterhin versuchst du digitale Infoprodukte an den Kunden zu bringen. Zum Beispiel mit dem Partnerprogramm von digistore24. Auch weitere Maßnahmen wie Google Adsense und das Vermieten von Backlinks, sorgen für eine harmonische Monetarisierung deiner Webseiten.

17. Fazit zum Affiliate Marketing

Gehen wir noch einmal die richtige Reihenfolge durch. Schritt für Schritt und in aller Ruhe.

1. Keyword Recherche nach Suchvolumen und Potential.
2. Konkurrenz genau prüfen.
3. Produkte suchen, die du bewerben willst.
4. Die richtigen Partnerprogramme finden.
5. Domain wählen und Hosting Anbieter wählen.
6. WordPress und wichtige Plugins installieren.
7. Texte verfassen und Affiliate Links einpflegen.
8. Die Webseite für Suchmaschinen optimieren.
9. Nachhaltig Backlinks aufbauen.
10. Sämtliche Möglichkeiten der Monetarisierung nutzen.

Dieser Ratgeber enthält derart viele Informationen, die du zunächst erst einmal verdauen musst. Aber eins ist in jedem Fall ganz sicher:

Du wirst das Glücksgefühl niemals vergessen, wenn du deine erste Provision verdienst!

Quelle: typographyimages/Pixabay

Das Geschäftsmodell Affiliate Marketing wird sich auch für dich lohnen. Baue dir Schritt für Schritt dein eigenes Business auf und verdiene mit deinen Webseiten ein passives Einkommen.

- Du kannst nebenbei als Nebengewerbe starten und loslegen.
- Du hast kaum anfängliche Kosten.
- Du verdienst Geld in Heimarbeit.

Allerdings musst du im Gegenzug auch folgende Aspekte beachten:

- Du musst warten, bis deine Seiten bei Google ranken.
- Eine ausgiebige Recherche nach den passenden Suchbegriffen ist notwendig.
- Es gibt keine Garantie, dass deine Webseite Geld verdient.

Trotzdem solltest du die Gelegenheit beim Schopf packen und endlich mit deinem Online-Business beginnen. Dieser Ratgeber hilft durch die ersten Schritte und bringt dir die umfangreiche Thematik näher. Was gibt es für eine schönere Möglichkeit, als daheim vor dem Computer Geld zu verdienen?

Mach dich zum eigenen Chef und starte dein Business im Affiliate Marketing durch. Nimm dir dein Stück vom Kuchen in dieser Branche, die nach wie vor sehr beliebt und aktiv ist. Du vermittelst deine Besucher an deinen Werbepartner und verdienst zurecht deinen Anteil in Form einer Provision.

Das ist Affiliate Marketing und auch du kannst das machen!

Jahr der Veröffentlichung: 2017
1. Auflage

Wilhelm Klaus / Dr. Albert Frank Str. 6 / 83308 Trostberg
Covergestaltung und –Konzept: amanda / fiverr.com
Coverbild: www.depositphotos.com
Formatierung: serhio_goncharo / fiverr.com

11783135R00100

Printed in Germany
by Amazon Distribution
GmbH, Leipzig